心理学的に
正しい！

人に必ず好かれる
言葉づかいの図鑑

監修 ゆうきゆう（精神科医）

宝島社

Prologue

心の健康を保つために必要なのは人間関係を改善する言葉づかい

こんにちは。ゆうきゆうです。

僕は精神科医をしており、ゆうメンタルクリニックというクリニックで働いております。

当院には多くの患者さんがいらっしゃいますが、患者さまが抱えられているお悩みの中で、一番多いものは何か知っていますか？

仕事内容の悩み？

お金の悩み？

成績の悩み？

いえ、一番多いのは「人間関係の悩み」なのです。

例えば恋人、家族、職場の同僚、上司や部下、そういった人間関係がうまくいかない方ほど、強い悩みを抱えてメンタルクリニックに来院します。

逆に言えば、人間関係さえ問題無ければ、業務量が多すぎて忙しいとか、お金に困っているとか、そういった悩みだけで苦しんで、メンタルクリニックに来院されることはあまりありません。どんなに忙しい職場であっても、人間関係が充実して、周囲に頼れる後輩や相談に乗ってくれる上司がいれば病みにくくなります。

人間関係が円滑であれば、精神的な安定が保たれるのです。

すなわち人間関係を改善することは、心の健康のためにも重要なのです。

この本では、人間関係を改善するための言葉づかいを１０８個用意させていただきました。日常生活やビジネスシーンなど、皆さんが今日から気軽に使えるようなものばかりですので、読みやすいところから実践してみてください。

何か少しでもあなたのヒントになるようなことがあれば幸いです。

どうか気持ちを楽にして読んでみてくださいね。

Contents

心理学的に正しい！人に必ず好かれる言葉づかいの図鑑

来客・訪問

断りかた

伝えかたの心理学

Chapter 02 ビジネス編

部下から上司への伝えかた

上司から部下への伝えかた

Chapter 04 子育て・教育編

Chapter 05 自分自身へ

STAFF

編集・執筆　小芝俊亮（小道舎）
装丁　小口翔平、三沢稜（tobufune）
本文デザイン　森田千秋（Q.design）
DTP　G.B. Desing House
マンガ・イラスト　フクイサチヨ

Chapter 01

初対面の時には、最初の挨拶や会話、ふるまいなどが「あなたの第一印象」として相手の記憶に刻み込まれます。日常生活における社交・人づきあいのシーンでは、さまざまな年齢や立場の人と出会うので、伝えかたの「正解」はないのかもしれません。とはいえ、基本は「気づかい」と「技術」があれば大丈夫。相手に好感を与える心理テクニックとともに、人に好かれる伝えかたを学んでいきましょう。

伝えかた、人に好かれるのはどっち?

日常生活編

この章では、主に初対面の相手への挨拶や、訪問・来客時の相手への伝えかた、角の立たない断りかたなどの〝好かれるポイント〟を解説します

好かれるために一番大切なのはやっぱり第一印象

初対面の会話で好印象を与える方法

第一印象は3秒で決まる!?

諸説ありますが、心理学では人の第一印象は3～5秒で決まるとも、10秒で決まるとも言われています。

では、初対面の相手によりよい印象を与えるポイントは、どこにあるのでしょうか？

やはり、**多くの人が最初に見るのは顔の表情です**。まずは笑顔で、「はじめまして」などと自分から自然に、快活に挨拶すると、相手は「話しやすそうな人だな」と感じます。

1
あ、田中さんだ
2
はじめまして
お目にかかれて光栄です
ニコッ
どうも～
3
自分が笑顔だと、
相手も笑顔に
ニコッ
4
笑顔だけでなく、豊かな
表情も相手に好印象を
与えます
しゃべる時に
口を大きく動かすと
表情が豊かに！

▶初対面の人とは「あたりさわりのない会話」がベター

一方的に自分の話
ばかりするのはNG。
適度に質問をはさんで
相手の話も聞きましょう
天気や気候の話題
季節の話題
NEWS
話題のニュース

「あたりさわりのない会話」を

次に注意が必要なのが、会話の内容です。**まだお互いのことをよく知らない段階では、突っ込んだ内容の会話はNG**。相手の警戒心を呼び起こさないよう、まずは天候や季節、話題のニュースといった「あたりさわりのない会話」のほうが適しています。

また、初対面の相手に自分のことばかり話していると「面倒くさい人かも……」と思われてしまう可能性もあるので気をつけましょう。

まずは相手の話を聞いて、しっかりと相づちを打つことで、相手は「受け入れられた」と感じ、徐々に警戒心が解けていきます。

初対面での会話に適さない話題

初対面の相手との会話には適さないとされる話題の代表例が「政治」「宗教」「野球」です。これらの話題は、お互いの立場が異なると対立したり、敵愾心《てきがいしん》を抱いたりする可能性があるため、たとえ相手が話題に出してきたとしても深く掘り下げないほうがよいでしょう。また、たとえほめるつもりであったとしても、**顔や身長、スタイルなど、相手の容姿についてしつこく話題にするのもNG**です。

もちろん、人の悪口は論外。「この人と親しくなったら、自分もあんなふうに言われるのかな」と、相手の警戒心を呼び起こしてしまいます。

▶ こんな話題は避けよう

政治・宗教・野球

オレ、
関西人やで…
ジャイアンツ
絶好調ですよね！
せやな。
スゲーっすね

相手の容姿に関する話題

背が高いの気に
しているのに…
背が高くて
モデルさんみたい
ハハ…

人の悪口

私の友だち
なんだけど…
あの人、いい噂
聞かないですよね
ムッ
ヒソヒソ

ファッションについては
自然にほめる分にはOK。
趣味が似ていれば話題が
広がることも

1
佐藤さんのあの企画すごく面白いですね
いえいえあまり評判がよくなくて…
いやいや
2
※過度な謙遜は相手の否定につながる
せっかくほめているのに
3
答えかた失敗したかな…
あちゃ〜
4
終わりよければすべてよし
※親近効果…52ページ参照
先ほどはおほめいただき光栄でした
やっぱりいい人だな

過度の謙遜は相手に失礼

会話において、過度の謙遜も注意が必要です。謙遜そのものは美徳の一つと言えますが、あまり謙遜しすぎると、せっかくほめてくれた相手の意見を否定することになってしまいます。相手にほめられた場合は、「ありがとうございます」と素直に受け入れて、さらに「○○さんにほめていただけるなんて」と相手を立てたり、「○○さんこそ」とほめかえしたりしましょう。

ちなみに、「誰ともあまり会話が盛り上がらなかった」という場合も、がっかりすることはありません。最後に笑顔でしっかりと挨拶をすれば、相手に好印象を残すことができます（親近効果）。

親しくなりたいと思う人に出会ったら……

そのうちお食事でも ではなく 月末あたり、お食事に行きませんか？

本気のお誘いは「週末」「月末」など具体的な時期を提示しよう

「今度、飲みに行きませんか？」「お食事でもどうですか？」といった飲食のお誘いは、社交辞令の定番。しかし、こうした社交辞令こそ、相手と親しい関係を築くための絶好のチャンスです。もし、あなたが本気で相手と親しくなりたいのなら、「そのうち」「近いうちに」などと曖昧に誘うのではなく、「週末」「月末」あたりなどと**具体的な時期を提示して誘いましょう**。そうすれば、大概の相手は明確に返答してくれます。ただし、いくら聞いても「ちょっと近々は難しそうです」などとはぐらかされた場合は、相手はあなたのお誘いを迷惑に感じている可能性が高いので、深追いは避けましょう。

本当にお近づきになりたい相手には
具体的な時期を提示してお誘いを

単なる約束を特別な約束にする言葉……

お待ちしております ではなく 楽しみに（心待ちに）しております

ただ待っているのではなく、楽しみにしていることを伝えよう

「お待ちしております」という言いかたでも十分丁寧な表現なので問題ありませんが、やや社交辞令的な素っ気ない印象は拭えません。この場合は「楽しみにしております」「心待ちにしております」などと言いかえましょう。この言いかたであれば、**あなたが相手に対して抱いている好意や期待を表すことができる**うえに、言われた相手も内心「そんなふうに言われたら、なんだかうれしい」「期待に応えよう」などと、素直に感じてくれるはずです。楽しみに待っていることをイメージしやすく伝える表現として、「首を長くしてお待ちしております」という言いかたもあります。

丁寧なだけでは不十分
相手に「気持ちを伝える」表現を

教養を感じさせる表現で深みを持たせる時は……

お元気でしたか？ ではなく つつがなくお過ごしでしたか？

単なる社交辞令も、柔和な表現で心のこもった印象に

「お元気でしたか？」と言われて不快になる人はほぼいないので、これも間違いではありません。しかし、あまりにも定型的な表現なので、単なる社交辞令と感じる人も多いでしょう。まったく同じ意味の言葉でも、自然に「つつがなくお過ごしでしたか？」と相手にたずねることができれば、**表現の柔らかさも相まって心のこもった印象になり、さらに「教養のある人」という印象も相手に与えられます**。ちなみに「つつが」は漢字で「恙」と書き、古くは伝染病の原因として恐れられた虫のこと。この「恙」が「ない」という意味で、無事（健康）を表す言葉になりました。

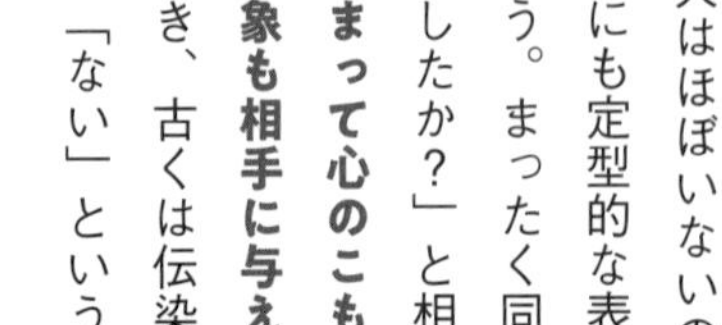

定型的な表現よりも、深みのある表現のほうが相手の心に響く

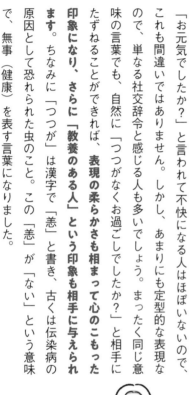

久しぶりに会った人にどう話しかける?……

ご無沙汰しております ではなく ○○さん! ご無沙汰しております

言葉の端々に相手の名前を入れるテクニック

人は、自分の名前に似ているものに対し、無意識に好意を抱きやすいと言われています。心理学ではこれを「ネームレター効果」と言います。自分と同じ名字の著名人になんとなく親近感を抱いたりするのも、このネームレター効果が働いているからです。この効果を応用したテクニックが「ネームコーリング」で、誰かと会話する際、「○○さん! ご無沙汰しております」などと言葉の端々に相手の名前を入れて話しかけるようにすると、好感度がアップすると言われています。また、こちらが名前で呼ぶと、相手もこちらを名前で呼ぶようになるため、さらにお互いの距離が縮まります。

POINT

人は自分の「名前」に
引きつけられる

keyword カクテルパーティー効果、ネームコーリング

「名前」で呼ばれると、相手に好意を抱く

必要な声だけ聞き取れる!?

21ページで「ネームコーリング」について解説しましたが、これに関連した心理効果に「カクテルパーティー効果（選択的注意）」があります。

たとえば大勢が参加しているパーティーなど騒がしいところでも、不思議なことに自分の名前や自分が興味を持っている会話などは自然と聞き取れたりします。これは、**人間の脳には、聞こえてくる音の中から自分にとって必要性や重要度の高いものを選別し**

1
伊藤さん、お元気そうですね
あ〜
2
覚えていてくれたんだ
お仕事は順調ですか？
3
そういえば、伊藤さんの興味ありそうなお話があるんです
名指しされるとどんな話か気になるな
4
ペラ ペラ ペラペラ ペ
ペラ ペラ ペラペラ ペラ
ペラ ペラ
ペラ ペラ
ペラ ペラ
もっともオレ江藤だけど…

て、重点的に聞き取る能力が備わっているためです。

会話の際に意識的に相手の名前を呼ぶようにすることで、無意識のうちに相手の関心を自分に向かせる「ネームコーリング」も、このカクテルパーティー効果の一種と言えます。

また、会話の中に相手の名前を出すだけでなく、相手が興味を持っている話題や、それに関連するキーワードを頻繁に出すことも、相手の関心を引きつけるうえで有効です。

ちなみに、恋愛においては二人だけの特別な愛称でお互いを呼び合うことで、さらに親密度が増すとも言われています。これも「ネームコーリング」の一種と言えるでしょう。

▼カクテルパーティー効果の応用例

商品やサービスの宣伝をする際、単に「キャンペーン実施中」とうたっただけでは、なかなか注目してもらえません。

そこで「小学生のお子様がいらっしゃる方限定」「アラサー女子限定」などと対象を絞ると、当てはまる人は自分に投げかけられているように感じ、意識や印象に残りやすくなります。

相手の幸運を一緒に喜ぶ時には……

うらやましい ではなく あやかりたい

「うらやましい」という表現にはネガティブな印象も

もし、あなたが自分では自慢しているつもりがないことに対して、話し相手からストレートに「うらやましい」と言われたら、ややこびた表現という印象を持つのではないでしょうか？　または、「妬《ねた》まれているのかな？」とやや不安に感じたり、素直に受け止められず「バカにされているのかな？」と感じたりするかもしれません。一方、「あやかりたい」という表現は、長寿や結婚、出産、合格など、相手の幸福をほめそやすニュアンスで使われる言葉なので、素直に**「あなたにとっておめでたいことを、一緒に喜んでいます」**というメッセージが伝わりやすくなります。

相手をうらやむよりも
相手と一緒に喜ぼう

長いこと会っていなかった人を見かけたら……

ずいぶんご無沙汰でしたね　ではなく　久しぶりにお会いできてうれしいです

こちらから好意を伝えれば、相手も好感を持つ

久しぶりに会った人に「ずいぶんご無沙汰でしたね」と言われて不快になる……なんて人はあまりいないでしょうが、なんだか表面的で無関心な言いかたと感じる人はいるのではないでしょうか？

一方、同じシチュエーションでも「久しぶりにお会いできてうれしいです」と、**会えたことに対して喜びの言葉を添えられると、「好意を持ってくれていたんだ」と、言われたほうもうれしく感じるはず**。相手に自分を印象づけたい、好感を持ってもらいたいと思っている場合は、話しかけたあとに「うれしいです」「ありがとうございます」といった喜びや感謝の言葉を添えましょう。

会えたことに対する喜びや
感謝の言葉を添えると好印象に

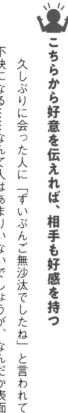

「また、その話か」と思った時は……

また、その話ですか? ではなく 勉強になります(その話、面白いですよね!)

同じ話を素直に聞くのも大人の処世術

とくにお酒の席などでは、人は同じ話を繰り返しがちです。それが自慢話や説教だと、聞いているほうは心底「うんざり」するもの。しかし、率直に「また、その話ですか?」などと言うと、相手が上司や大切な取引先の担当者だったりした場合、関係性を壊してしまうかもしれません。こうした場合には**「勉強になります」と、素直に話を聞くのも処世術の一つ**です。また、何度も聞いた話であることを相手に知らせたい場合は「その話、面白いですよね!」とヨイショすれば、相手も「自分の話を覚えていてくれたんだ」とうれしくなり、気分よく話題を変えたりしてくれます。

**よりよい関係性を築くには
相手を持ち上げることも必要**

相手が「最近、○○をした」という話をしてきたら……

へえ、そうなんですね　ではなく　へえ、○○をしたんですか

相手の言葉を〝繰り返す〟だけで親密に

たとえば、相手が「先週、久しぶりに登山をしてきました」と言ったとします。その時、「へえ、そうなんですね」と素っ気なく返すのではなく、「へえ、登山をなさったんですか」といった具合に、**相手が最後に言った言葉を聞き手が繰り返すことによって、話者同士の親密度が上がる**と言われています。このテクニックを「ミミッキング」と言います。

極めて単純なテクニックですが、これを繰り返すことで相手は「しっかり聞いてくれている」と感じ、次第にあなたに親密さを感じるようになっていくのです。

POINT

相手の言葉をマネするだけで
お互いの親密度が増す

02

相手をマネすると好感度が上がる

keyword ミラーリング効果、ミミッキング

バレると逆効果なので要注意

会話中に相手の行動やしぐさなどをマネすると、自分に対する相手からの好感度が上がると言われています。これをミラーリング効果と言います。

そもそも人間は、自分と似ている人には好意を抱きやすいことがわかっています。これを「シンクロ効果」と言います。ミラーリングでは、あえて相手をマネすることで同様の効果をもたらすのです。

ミラーリングは、相手のしぐさをマ

1
しぐさをマネしよう
2
口調もマネしよう
ソヤネー
ダヨネ〜
3
この人、気が合うかも！
※無意識のクセ
ウキ
4
ちなみに、数秒から数十秒ずらしてマネしてもミラーリングの効果があると言われています

ネするほか、相手の口調や口癖、会話のテンポなどをマネすることでも効果を発揮します。ただし、**相手にマネしていることがバレてしまうと効果はマイナスになる**ので、自然に行うことが大切です。

また、ミラーリングに似たテクニックに、相手が最後に言った言葉を繰り返す「ミミッキング」(27ページ参照)があります。

ミミッキングは、ミラーリング以上の効果があるとも言われていますが、ミラーリング同様に何度もしつこく繰り返すと相手にバレたり、不快感を与えてしまう場合があります。そのため、2〜3回繰り返したあとはしばらく間を空けるようにしましょう。

▼クロスオーバーミラーリング

ミラーリングはバレると逆効果になりますが、そのリスクを補うテクニックが「クロスオーバーミラーリング」です。たとえば、相手がケーキを食べたら自分はドリンクを飲むなど、マネしていることをカモフラージュしつつ類似する動きや行為でミラーリングをすることで、その効果が期待できます。

髪に触った!
自分は頬を触ろう
今日ね
○○が
××でね
うんうん
1
変な
癖…
私たち
似ているかも?
?
2

率直な意見を聞きたい時には……

なんでも聞いてください ではなく 何かお困りですか？

具体的な答えを前提とした聞きかたをする

あまり親しくない人や目上の人に対しては、誰でも率直な意見を言ったり、質問したりしにくいものです。そうした間柄の人に対して「なんでも聞いてください」と言っても、相手は遠慮してしまい円滑なコミュニケーションができません。一方、「何かお困りですか？」と**具体的な答えを前提とした聞きかたをすれば、相手は思っていることが言いやすくなります**。また、相手が困っている（わからない）内容が予想できる場合は、「○○の件でお困りですか？」などと焦点を絞って聞くと、相手はさらに意見や質問がしやすくなり、よりコミュニケーションが深まります。

POINT

「なんでも聞いて」と言われても親しくない相手には質問しにくい

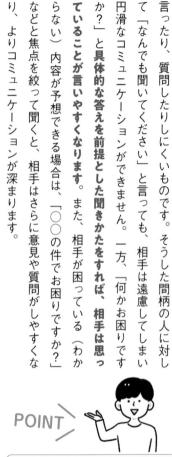

相談された時、どう対応する？……

私の場合は ではなく そんなことがあったんですね

自分の話ばかりする人は、実は嫌われている

会話術においてもっとも大切なのは「相手の話を聞くこと」。しかし、コミュニケーションが下手な人は、相手の話をじっくりと聞く前に〝自分の話〟をしたがる傾向にあります。もちろん、相手の話を聞いたうえで自分の経験にもとづいたアドバイスを行うのは問題ありませんが、最初から親切ごかしに自分の話ばかりする人は、まわりの人にとっては〝ウザい〟だけ。もし悩みなどを相談されたら、得意げに自分の意見や経験談を語るのではなく、「そんなことがあったんですね」などとまずは共感を示しましょう。そうすれば、相手は「この人に相談してよかった」と思うものです。

POINT

**相手の話をじっくり聞かず
自分の話をはじめる人は「ウザい」**

目上の人に対しては、どうほめるのが正解？……

上手（すごい）ですね ではなく お手のものですね

相手を評価するのではなく、素直にほめたたえよう

対等な関係の相手であれば「上手ですね」でもよいでしょう。しかし、目上の人に対して「上手ですね」と言うと、**まるで相手を評価しているような〝上から目線〟の印象になってしまいます。**また、「すごいですね」という表現も、同様に上から目線な印象になるだけでなく、言葉として稚拙な印象にもなります。目上の人をほめる場合は、「ステキですね」のように、評価ではなく、素直に相手の能力や技量に感心したことを伝えられる言葉のほうが適切です。さらに「お手のものですね」と言えれば、「こなれた言葉づかいができる人」という印象を相手に与えられます。

POINT

目上の人に〝上から目線〟はNG
こなれた言葉づかいで評価アップ！

「今日は寒いですね」と話しかけられたら……

「ええ、本当に寒いですね」ではなく

ええ、実は私、寒いのが本当に苦手でして

「自分の情報を話す」ことが会話を弾ませる秘訣

会話の際などに、自分自身に関する情報を他者に伝えることを心理学用語で「自己開示」と言います。たとえば相手が「今日は寒いですね」と話しかけてきた場合、「ええ、本当に寒いですね」と返事するだけでは、会話は続きません。「ええ、実は私、東北の出身なのに寒いのが苦手でして」など**自分の情報を含めて返すと、相手はあなたの情報を知って親しみを感じると同時に、話題が増えたことで会話のリターンもしやすくなります。**

ちなみに、自己開示の受け手は、相手の開示した情報と同じ程度の情報を開示する傾向があるとも言われています。

POINT

自分の情報を開示すると会話が弾み親密性も増す

03

keyword 自己開示、自己提示

自分が心を開くと、相手も心を開く

会話の秘訣は〝聞き上手〟

33ページで解説したとおり、人は「自己開示」をしてくれた相手に対して親近感を抱きやすくなります。また、自己開示を受けた相手は「相手がこれだけ打ち明けてくれたのだから、自分もある程度打ち明けなければ」と、相手が開示したのと同程度の情報を開示する傾向があります。これを「自己開示の返報性」と言います。

相手との親密さを増すためには、自分が自己開示するだけでなく、〝聞き

実は私…
へえ〜
自己開示
自分の本心や経験談などプライベートな情報を、見返りを求めずに相手に伝える
私の場合は
ほほう
自己開示の返報性
相手の個人的な話を聞くことで親しみや好意を抱き、相手に自分の本心や経験なども伝えたくなる
親密度が増す
お互いが本心で語り合うことで、コミュニケーションが深まり親密度も増す
この人と話していると楽しい

上手〟になって相手の自己開示をうながすことも大切です。たとえば、「出身は千葉です」と言う相手には、「どんなところがオススメですか？」「マザー牧場って楽しいですよね」などと質問することで、自然と相手の自己開示をうながす会話ができます。また、「積極的に自己開示をしよう」と考えて、相手の話を聞かず、自分の話ばかりしていては逆効果になるので注意が必要です。

なお、自己開示と似たものに「自己提示」がありますが、自己提示は「相手にほめられる」「自分をよく見せる」といった承認欲求の強いコミュニケーション方法であり、自己開示とは異なります。

1
ご趣味は何ですか？
神社仏閣めぐりです
2
へぇ、いいですね。私、島根出身なのに出雲大社に行ったことがないんです
↑自己開示
3
それはもったいない！そもそも出雲大社は大国主大神が…
スイッチON
カッ
アッ
4
あ、大国主大神は別名を大己貴命とも言うんですけど
やべぇ地雷踏んだ…
引…
趣味的な話を一方的にするのは控えよう！

元気なご老人をほめたいと思ったら……

歳の割にお若いですね ではなく かくしゃくとされていますね

「歳の割に」という上から目線の表現はNG

高齢の人に「歳の割にお若いですね」と言う人のほとんどは、まったく悪意なく、ほめ言葉として言っていると思います。また、そう言われて喜ぶ高齢者もいるでしょう。しかし、**「歳の割に」という表現は、相手を見下しているようで失礼な印象を与えます**。また、「お若いですね」という表現も、言われたほうは「年寄りは若いとほめときゃ喜ぶんだろ」と、ひねくれた受け取りかたをする人も……。

もし、高齢の方が実年齢より元気に見えることをほめたい場合には「かくしゃくとされていますね」と伝えるとよいでしょう。「かくしゃく」とは、歳を取っても丈夫で元気なことを表す言葉です。

「歳の割に」という表現は
“上から目線”の印象に

大変な状況にある相手に伝える言葉は……

それは大変（つらい）ですね　ではなく
（ご心痛のほど）お察しいたします

困っている相手には、まずは同情と共感を

「大変ですね」でも相手への心づかいは伝わりますが、どこか素っ気ない印象です。一方、「お察しいたします」と表現すれば、**より相手に寄り添って、心の内やものごとの事情を推しはかり、同情していることが伝えられます**。さらに「ご心痛のほど〜」「ご心労のほど〜」といった言葉を付け加えることで、より丁寧に、相手への労《いたわ》りの心も伝わります。また、相手に自分の大変な状況やつらい心情を伝えたい時にも、「大変なんです」よりは「お察しください」のほうがスマートなうえ、「あなたならわかってもらえますよね」という、相手への信頼の気持ちが表せます。

POINT

相手の心情に寄り添った言葉がお互いの距離を縮める

相談していた人に、過去の案件についてたずねられたら……

忘れてください ではなく ご放念ください

気にかけてくれた相手には、お詫びや感謝の気持ちを伝える

たとえばあなたが取引先から仕事の相談を受けていて、その後、連絡がないので問い合わせた時に「あの件は忘れてください」と言われたら、内心ムッとするのではないでしょうか。仕事でなくとも、ずっと気にかけていたことを「忘れて」の一言で片づけられたら、気分がよくないものです。こうした場合は「ご放念ください」と伝えることで、**「忘れてください」という意味のほか、「お気づかいなく」「ご心配なく」といったニュアンスもソフトに伝えられます。**病気になって相手が心配してくれた時に、「おかげさまで復調しましたので、ご放念ください」という形でも使えます。

POINT

単に「忘れてください」ではなく、
話を聞いてくれた相手への
気づかいを

どんなふうに話しかけるのが正解？……

お疲れのようですね　ではなく　お元気でしたか？

そう見えたとしても、「疲れている」と決めつけない

実際に疲れていても、そうでなかったとしても、会った人に「お疲れのご様子ですが……」なんて言われてしまうと、「疲れて見えるのかな？」と気になってしまうもの。言われたほうは疲れていなくても「自分は疲れているのかも……」と、最悪の場合、どんよりとした気持ちになってしまいます。それよりは「お元気でしたか？」と**明るく話しかけるほうが、お互いに気分が明るくなり、その後の会話も弾みます**。

もし、相手が本当に疲れているように見えたとしても、せめて「お変わりありませんか？」くらいの表現にとどめておきましょう。

POINT

相手が疲れた様子でも
なるべく明るく話しかけよう

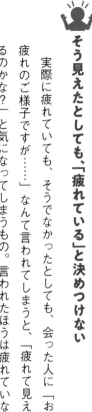

04

keyword バーナム効果

相手の心を読む（フリをする）

占いや心理テストの常道

誰にでも当てはまるようなことを言われているのに、自分のことを言われていると錯覚する心理的効果を「バーナム効果」と言います。

たとえば、初対面の人に「あなたには寂しがり屋な一面がありますね」「今、ちょっとした悩みを抱えていますね」などと言われたら、あなたはどう感じるでしょうか？

「自分のことを言い当てている」と感じた人もいるかと思います。しかし、

1
①特定の相手に向けたものと思わせる
8月生まれということは…
うんうん
2
②発信者の権威性を高める
あの高名な先生の説で…
うんうん
3
③ポジティブな内容にする
あなたは強運の持ち主です
へ～！
4
④当てはまりやすい言葉を用いる
これらがバーナム効果を生む4つのポイントです
あなたの人生は山あり谷ありです

実際はいずれも多くの人に当てはまることなのです。

バーナム効果を経験した人は「この人は私のことを理解している」と感じて、相手との心的距離を縮めたり、好意を抱いたりするようになると言われています。

バーナム効果は恋愛においても有効です。たとえば「今日はいつもと雰囲気違うね」と言えば、相手は「ちょっとした変化に気づいてくれた」と感じ、好意が増すかもしれません。ただし、ふだんから接触の多い親しい人を相手にバーナム効果を使いすぎると、「いつも曖昧で薄っぺらなことを言う人」と思われる可能性もあるので、注意が必要です。

▶ 年齢ごとに抱えやすい悩み

50代
健康や老化、親の介護の悩み
40代
子どもや健康、貯蓄の悩み
30代
仕事やキャリア、家庭の悩み
20代
仕事や恋愛、将来への悩み
10代
学校や恋愛、身体的な悩み
確かに、悩みって年齢ごとに変わるよね

わざわざ来てくださった相手に対しては……

来てくださってありがとうございます　ではなく

ご足労いただきありがとうございます

「相手は忙しい」という前提で接する

社交でもビジネスでも、基本は「相手は忙しい」という前提で接しましょう。忙しい中、時間を割いて訪問してくださった相手に「来てくださってありがとうございます」では、気づかいが足りない印象になってしまいます。相手に敬意と感謝を示すには、本来ならこちらから出向くべきところを来ていただいたことに対して「ご足労いただき～」と、**相手の骨折りに対しての気づかいを表しましょう。**

また、雨の日なら「お足元の悪い中～」、暑い日なら「お暑い中」などと、相手を労《ねぎら》う言葉も添えると、さらに好印象になります。

相手の骨折りに対しての
感謝と気づかいを表そう

来客にゆっくりと過ごしてもらいたい時は……

気楽にしてください ではなく 心置きなくお過ごしください

適切な言葉で来客の緊張をときほぐす

「気楽にしてください」でも相手への気づかいは伝わりますが、**目上の人や最上級に敬うべき相手に対して使う言葉としては、少々なれなれしい印象です。**こうした場合は「心置きなくお過ごしください」と言うと、「遠慮せず、気楽にお過ごしください」というニュアンスがスマートに伝わり、相手もリラックスした気分になるでしょう。また、「心置きなく」に似た言葉で、「気兼ねなく」という表現も、相手への気づかいを伝える際に便利です。来客に「なんでも言ってください」と伝えたい場合は、「気兼ねなくおたずねください（ご相談ください）」と伝えましょう。

**来客への一番のもてなしは
心置きなく過ごしてもらうこと**

訪問先で飲み物を何にするか聞かれた時は……

アイスティーでいいです ではなく アイスティーがいいです

もてなす側の立場で適切な言葉を考えよう

右の例文を読んで、自分が主催者の場合だったら、ほとんどの人は「～がいいです」と言われるほうが気持ちいいと気づくと思います。そもそも「～でいいです」だと、「それしかないなら、それでいいです」といった失礼なニュアンスすら感じられます。それがわかっていても、意識していないとついつい「～でいいです」という表現をしてしまいがちなもの。これを直すには、自分がもてなす側に立つ機会を増やしてみるといいでしょう。**もてなす側の気持ちを常に意識できるようになれば、「～でいいです」といった不《ぶ》躾《しつけ》な表現をすることは自然となくなるはずです。**

POINT

もてなす側の気持ちを理解すれば
失礼な表現は自然となくなる

手土産などを差し出す時は……

つまらないものですが ではなく 心ばかりの品ですが

「つまらないもの」を差し出すのは失礼との意見も

かつては手土産などを差し出す際に「つまらないものですが」と言うのが一般的でした。しかし近年は、言葉のあやとはいえ〝つまらないものを相手に差し出すのは失礼〟という意見も多く、一般的ではなくなりつつあります。確かにもらう立場であれば、謙遜とはわかっていてもしらける表現かもしれません。現在は「心ばかりの品ですが」という表現が一般的です。単に「つまらないもの」ではなく、「ほんの気持ちですが」と**心を込めているニュアンスが相手に伝えられます**。また、〝つまらないものですが笑ってお納めください〟という意味の「ご笑納ください」もよく使われます。

「つまらないもの」では
相手に心が伝わらない

keyword 好意の返報性

好意を受けると返したくなる

「話を聞く」だけでも有効

人には「相手から何かをしてもらったら、自分も何かを返したくなる」という心理的傾向があります。同様に、相手からの好意を受け取ると、自分も同等の好意を返したくなるという心理作用が「好意の返報性」です。

プレゼントや手土産などは、「こちらからもお返ししなくては」などと、好意の返報性に直結します。また、そうした**贈り物ばかりでなく、「相手の話を聞くこと」も好意の返報性につな**

1
心ばかりの品ですが…
まずは好意を示す
あ〜♡
2
ありがとうございます
おいしそうなお菓子！何か返さないと
ほくほく
ほくほく
3
今度、旅行へ行くんです
それはいいですね。どちらへ？
4
北海道へ！おみやげ買って来ますねー
「白い〇人」ゲット！
グッ

がります。

たとえば、相手の話を親身になって聞き、共感を示すと、相手はその姿勢を「好意的な態度」として受け止めるため、相手も好意を返したいという気持ちになります。さらに相手は「自分の話を聞いてもらったから、今度は自分が話を聞かなくては」と考えます。こうして会話が深まれば、自然とお互いの親密度は増します。

とはいえ、これはさほど複雑な話ではありません。たとえば、毎朝笑顔で明るく挨拶すれば、相手も「明るく挨拶をしなくては」という気分になります。これも立派な好意の返報性です。また、相手をほめたり手助けしたりすることでも、好意の返報性は期待できます。

▶「好意の返報性」が働くシチュエーション

お土産・プレゼント
親切
ありがと
手助け
重いのに
すみません
ほめる
Good job!
話を聞く（共感）
そんな
ことが…
恋愛感情
気になるな…
スキ！
スーパーで無料試食すると
「買おうかな」と思うのも
「好意の返報性」の一例です

目上の人から何かしらの品物をいただいたら……

けっこうな品をいただきまして ではなく

けっこうな品を賜《たまわ》りまして

古風な言いかたで、くださった人への敬意を表す

「けっこうな品をいただきまして」でも問題ありませんが、自然に「けっこうな品を賜りまして」と言えると、**より格式高く丁寧な印象になります**。「賜る」には、「もらう」の謙譲語と「与える」の尊敬語という二つの意味があります。「もらう」の謙譲語の場合は「目上の人からいただく（頂戴する）」という意味に、「与える」の尊敬語として使う場合は「目上の人が目下の人に与える（下賜《かし》する）」という意味になります。ただし、やや格式張った表現のため、日頃お世話になっている上司など、ある程度親しい間柄の人に多用すると嫌味な印象を与える可能性もあるので注意しましょう。

「いただく」より「賜る」で
格式高く丁寧な印象に

お金などのお祝いをいただいたら……

こんなにたくさんいただきまして ではなく 過分なご厚志をいただきまして

「お金」や「金額」には直接触れずにお礼を言う

社会人になると、昇進や結婚など目上の人からお祝いをいただく機会も増えます。そのお礼を言う際に気をつけたいのが、**お金や金額については触れない**、ということです。「こんなにたくさん～」と、実際の金額に触れていないとしても、「たくさん」という言葉がすでに金額の多寡を表しているので、はしたない印象になります。この場合は「お金」を相手の「気持ち」という意味に置きかえて、「過分なご厚志をいただきまして」と言いかえましょう。また、ご厚志はお金に対しての言いかえなので、お祝いの品をいただいた場合は「過分なご配慮をいただきまして」と伝えます。

「お金」や「金額」には触れず
「ご厚志」と言いかえる

先に帰らなくてはならない時は……

そろそろ時間が ではなく すっかり盛り上がってしまって、もうこんな時間ですね

〝無粋〟な人にならないための心がけ

せっかく盛り上がっている時に、突然「そろそろ時間が」と言って帰り支度をはじめるのは〝無粋〟というものです。自分が帰りたい時間に切り上げることは悪いことではありません。しかし、別れ際に相手と「楽しかった」という思いを気持ちよく共有するには、もう少し気づかいのある言いかたが必要です。そんな時は「すっかり盛り上がってしまって」とお互いに楽しい時間を過ごせたことに感謝したあとで、時計を見ながら「もうこんな時間ですね」と、さりげなく自分は帰る時間であることを伝えましょう。そうすれば、相手も気持ちよくあなたを送り出す気分になれます。

POINT

楽しい時間を共有したことを
言葉で相手と分かち合おう

一人だけ先に帰ることになった時は……

先に帰ります ではなく お暇《いとま》いたします

「先に帰ります」だけでは不躾《ぶしつけ》な印象に

親しい間柄の人たちが集まった会食の席などでは、一人だけ先に帰ること自体、あまりいい印象にはなりません。また、立ち去り際に主催者や目上の人に「先に帰ります」と伝えるだけでは、相手に不躾な印象を与えてしまいます。そんな時は「お先に失礼いたします」でもいいのですが、より柔らかい印象を与える大和言葉で「お暇いたします」と伝えれば、**より丁寧かつ品のある印象になります。**さらに一言「とても楽しかったので名残惜しいです」と付け加えれば、集まっている人たちも快く見送ってくれるでしょう。

POINT

言い出しにくいことは
柔和な大和言葉で表現

keyword

初頭効果と親近効果

「最初」と「最後」の印象が大切

初頭効果と親近効果の使い分け

人は最初に受けたイメージや情報が、もっとも記憶や印象に定着しやすいと言われています。この心理作用を「初頭効果」と言います。

たとえば、**自分の第一印象が相手にとってよければ、何かを失敗したり、不手際があったりしても、悪いイメージを持たれずにすみます**。これも初頭効果の影響です。

一方、最後に与えられた情報がもっとも印象に残り、判断や行動に影響を

およぼすという心理効果が「親近効果」です。**「終わりよければすべてよし」ということわざも、この親近効果を表すもの**と言えるでしょう。

初頭効果の場合は、最初の印象が大きく影響するために長期記憶になりやすく、以後の評価の基準になります。

これに対して、直前に得た情報から評価・判断するような短期記憶には、親近効果が強く働くと言われています。

たとえば営業など相手の採用をうながす場面で、相手がすでに関心を持っている場合は、前半に重要度の低い情報を、後半に相手の判断を後押しする重要度の高い情報を持っていくと、親近効果によって相手にとってのメリットが強く印象づけられます。

▶ 初頭効果と親近効果を使い分けよう

相手の関心レベルが低い場合➡初頭効果を使う

いきなりですが、
実はこんな
メリットがあるんです！
興味なかったけど
なんだかよさそうだ

相手の関心レベルが高い場合➡親近効果を使う

キラーーン
最後にこれだけは
ご説明させてください
ガタッ
なんだなんだ！
まだ聞いてない
すごい利点があるの？

スケジュールの都合で誘いに応じられない時は……

その日はムリです ではなく

あいにく都合がつきません

「残念な気持ち」を込めて伝える

人に誘われた際、都合が悪い場合には「その日はムリです」と伝えるのは仕方ないことですし、悪くはありません。しかし、せっかく相手が好意から誘ってくれたのに、自分のスケジュールの都合だけでストレートに断ってしまっては、相手の気分を害してしまうかもしれません。

こうした場合は、「あいにく都合がつきません」と伝えましょう。「あいにく」は、「都合が悪くて相手の期待に沿えない残念な状況」を表す言葉。こちらに非があるわけではないけれども、**相手の期待に沿えないことを軽く謝罪するようなニュアンスが伝えられます。**

断るべき理由があったとしても
誘ってくれた相手には気づかいを

みんなで楽しもうと思ったけど、それは苦手……

それ苦手なんです ではなく それは苦手なので、ほかのものだとありがたいです

たとえ苦手でも、真っ向から相手の提案を否定するのは失礼

人にはそれぞれ苦手なものがあるのは当然ですし、それは仕方ありません。しかし、友だちや会社の仲間などと行動する際に、「オレ、それ苦手なんです」などと**個人的な主張ばかりしていては〝大人げない人〟と評価されてしまいます**。もし、苦手であることを伝えたいならば「魚は苦手なので、寿司以外のものだとありがたいです」などと謙虚に伝えましょう。また、相手がオススメするものを「私、お酒ダメなんだ」などと真っ向から否定するのも失礼です。「お酒は苦手なので、ソフトドリンクもおいしいところだとうれしいです」となるべく代替案も添えて、相手に配慮した言いかたをしましょう。

POINT

大人は相手の気づかいを
真っ向から否定したりはしない

せっかく誘ってくれたけど、仕事が忙しい時は……

忙しくて行けません ではなく 仕事が終わっていないので行けません

「忙しい」のは自分だけではないと、肝に銘じよう

誘いを断る際に、「忙しい」を理由にするのは得策ではありません。誘ってくれた相手からすれば、**「あなたばかりが忙しくて、誘った自分や参加する仲間たちはみんな暇ってこと？」と、反感を持たれかねない**からです。そんな時は「仕事が終わっていないので行けません」などと、相手が「それなら仕方ない」と思える理由を伝えましょう。さらに「誘ってくれてありがとう」という言葉を添えれば、相手も「また誘おう」と思ってくれるはず。さらに「今回は行けないけど、来月はどう？」と具体的な期日を示すことで、相手に「気持ちとしては行きたい」ということを伝えることができます。

POINT

せっかくの誘いを「忙しい」
という理由で断るのは失礼

誘われたけど、気が向かない時は……

気が向かないので遠慮します ではなく 落ち着いたら、私から連絡します

「気が向かないので遠慮します」は、大人としてマナー違反

誘ってくれた相手に対して、たとえそれが本心だとしても「気が向かないので」という理由で断ってしまっては、相手の心情を逆なでするだけ。せめて、「お誘いいただきありがとうございます。しかし、あいにく仕事がありまして」などと誘ってくれた人に感謝を伝えましょう。また、相手に気持ちよく諦めてもらうには、「落ち着いたら、私から連絡します」と、**積極的に参加したい気持ちがあることを伝える**と、なおよいでしょう。ただし、いつも断ってばかりなのに「落ち着いたら、私から～」を連発していると、「あの人は、いつもああだから」と信用を失うので気をつけましょう。

好かれる大人は「気分」を
理由にして断ったりしない

やっぱり敬語は大切

当然のことではありますが、人に好かれる人はやはり「いい加減」よりも、「しっかりしている」印象を与える人です。そのためには、相手を不快にしたり、傷つけたりしない「伝えかた」も大切ですが、敬語や言い回しといった「基本」が何より重要です。正しい敬語を使うためにも、そもそもの「敬語の基本」を理解しておきましょう。

敬語の基本は「尊敬語」「謙譲語」「丁寧語」

尊敬語

相手に対する「尊敬の気持ち」を表す敬語。敬う人の動作を表す言葉に「〜なさる」「お〜になる」「〜れる（られる）」をつけて敬意を表す。たとえば「会う」の場合は、「お会いになる」「会われる」など。ただし、「お会いになられる」は二重敬語のためNG。

謙譲語

自分や身内（家族、同じ会社の人など）のことや、その行動などを「お〜する」「お〜申し上げる」などとへりくだった表現にする敬語。年上の親戚や上司であっても、「叔父が参ります」「社長が伺います」などと外の人に対しては身内として扱い、謙譲語を使うことに注意が必要。

丁寧語

尊敬語や謙譲語と異なり、立場の上下に関係なく、丁寧な表現で話し相手や文章の読み手への敬意を表す。語尾に「です」「ます」をつけることで、会話や文章を丁寧な印象にする。「ご挨拶」「お酒」など、一般的な名詞に「ご」や「お」などの接頭語をつける「美化語」も丁寧語の一種。

特別な言いかたに変わる敬語の表記

動詞の中には、敬語表現になると別の言葉に変わるものがあります。
ここでは日常でよく使われる動詞の敬語表現を紹介します。

動詞	尊敬語	謙譲語	丁寧語
会う	お会いになる、 会われる	お目にかかる、 お目もじが叶う	会います
あげる／やる	賜る、くださる	差し上げる	あげます
もらう／受け取る	お納めになる、 お受けになる	いただく、 頂戴する、賜る	もらいます
思う	思し召す、 お思いになる	存じる、存ずる	思います
言う	おっしゃる、 仰せになる	申し上げる、申す	言います
行く	いらっしゃる、 おいでになる	参る、伺う	行きます
いる	いらっしゃる、 おいでになる	おる	います
確認する	お改めになる	確認いたします	確認します
借りる	お借りになる、 借りられる	拝借する、 お借りする	借ります
聞く	お聞きになる	伺う、拝聴する	聞きます
聞かせる	お聞かせになる	お耳に入れる	聞かせます
着る	召される、 お召しになる	着させていただく	着ます
来る	いらっしゃる、 お見えになる、 お越しになる、 おいでになる	参る、伺う	来ます
知る	ご存じである	存じ上げる	知っています
死ぬ	お亡くなりになる	—	亡くなる、逝去する
する	なさる	いたす	します
訪ねる(訪ねてくる)	いらっしゃる、 お見えになる	伺う、上がる、 参上する、 お邪魔する	訪ねます
食べる	召し上がる、 おあがりになる	いただく、頂戴する	食べます
見る	ご覧になる、 見られる	拝見する	見ます
見せる	お見せになる、 お示しになる	ご覧に入れる、 お目にかける	見せます

Chapter 02

何ごとも「基本」ができていないと、早い上達は望めません。ビジネスにおいても、それは同じです。この章では、まずはビジネス会話における「基本中の基本」を押さえておきましょう。それができてはじめて、徐々にシチュエーション別のよりよい伝えかたや、部下として、上司として押さえておきたい伝えかたへとステップアップできます。ビジネスシーンで有効な心理テクニックを交えて、人に好かれる伝えかたを学んでいきましょう。

伝えかた、人に好かれるのはどっち？

ビジネス編

まずは基本的な常識やマナー、言葉づかいなどを押さえておかないと、誰も「一人前」とは認めてくれません。それを踏まえたうえで、心理テクニックへとステップアップしましょう

好意や信頼を得るにはテクニックが重要

まずは好印象、次に信頼感

まずは相手に好印象を与える

一般的な社交と同様、ビジネスにおいても第一印象が大切です。初対面の相手に好印象を与えるのはやはり笑顔ですが、それ以外の要素も重要です。たとえば、メラビアンの法則（70ページ参照）では、**視覚や聴覚といったノンバーバル（非言語）コミュニケーションが非常に重要**とされています。

もちろん言葉も重要なのですが、それ以外の伝えかたや身なりなども非常に大切なのです。

▶ 質問のテクニック

相手に質問する時は、相手が自由に答えられる「オープン・クエスチョン」のほうが会話が広がりやすいです
貴社の新規プロジェクトの勝因は何ですかね？
う～ん、要因はいろいろありまして…
う～ん
あれと　これと

ただし、初対面の相手には、「はい」「いいえ」などで答えられる「クローズド・クエスチョン」のほうが相手も答えやすく、会話の糸口も見つけやすくなります
お酒は好きですか？
はい、夜の街も大好きです
YES!!
酒

▶ 両面提示のコツ

①デメリットのほうを先に伝える
ちょっと高価なんですけど…
他社をしのぐ高スペックが売りなんです
え…
②デメリットよりもメリットのほうを強調する
確かに耐久性は少々劣りますが…
このジャンルの商品でこの軽さは世界一です
ほ〜なるほど
相手の信頼を得るためには、メリットだけを提示する「片面提示」より、メリットとデメリットの両方を提示する「両面提示」のほうが有効です
ただし、相手が対象についての知識をあまり持っていない場合は「片面提示」のほうが有効な場合もあります

相手の話をよく聞く

上司や部下といった社内の関係、営業先や協力会社などの社外の関係のいずれでも、**信頼関係を築くためには「聞く力」が大切です。**とくに上司や営業先に対しては、自分や商品を売り込みたいという気持ちが先走ってしまうことがあるかもしれません。しかし、相手と親密な関係を築くうえでは、聞き上手がもっとも好まれます。そのためには、62ページのような質問のテクニックも押さえておきたいところです。

また、相手に説明をする際は、メリットを強調するばかりでなく、**あえてデメリットも付け加えて説明する「両面提示」も信頼獲得のうえで有効です。**

ただ〝明るいだけ〟では不十分

〝営業マン〟と聞くと、明るく快活なイメージを思い浮かべる人が多いと思います。もちろん、暗い人よりは明るい人のほうが好印象を抱かれやすいのですが、ただただ明るければよいというわけではありません。

ビジネス上の関係でも、初対面の相手に対してはほとんどの人が緊張を感じ、警戒心を抱きます。そのため相手は慎重になります。そんな相手に対しては、営業する側も口調や会話のテンポなどを合わせる必要があります（28ページ参照）。単純に「明るい営業マン」というイメージをなぞるだけでは、なかなか信頼は得られません。

▶ 人はおいしいものを食べると肯定的になる（ランチョンテクニック）

おいしいものを食べるという「快楽」が、一緒にいる人や話の内容に結びつき、「いい人（話）だった」という好印象につながります。

食事中は食べることに集中するため判断力が鈍り、相手の話を受け入れやすくなるとの説も
アルコールは思考を鈍らせるため、交渉する際はアルコール抜きのほうがオススメです

ネガティブな話題は避ける

ビジネスシーンに限ったことではありませんが、会話の際は、基本的にネガティブな話題は避けたほうが得策です。「不況で大変ですよね？」「御社の取引先が不渡りを出しましたね。大丈夫ですか？」といった**ネガティブな話題を振られると、相手は「イヤな話題」と感じ、その感情と連動して話し相手の印象も悪くなってしまう**場合があるからです。

ちなみに、相手と親密な関係を築いたり、商談を有利に導いたりしたいという場合には、食事を一緒にすることで相手に好印象を与える「ランチョンテクニック」も有効です。

相手の心理を読んで会話をする前に、まずはビジネスシーンにおける基本的な言葉づかいを覚えなくてはスタートラインに立てません。66〜69ページでは、ビジネス会話において、基本的に押さえておくべき言葉づかいを紹介します

理解や承諾の表現……

わかりました／了解です ではなく かしこまりました

了承したことを伝える表現

「わかりました」「了解です」という表現は尊敬語でも謙譲語でもないため、目上の人に使うのはNG。正しくは、「恐れ入って」「つつしんで」といった意味を持つ「かしこまりました」を使うべき。「承知しました」「承りました」などの言いかえも可能です。

POINT

「わかりました」では敬意が足りない印象に

伝言を頼まれたら……

伝えておきます ではなく

申し伝えます

相手を立てる伝言の承りかた

「申し伝えます」は、「言う」の謙譲語「申す」に「伝える」を加えた表現。単に「伝えておきます」と言うより、相手を立てた丁寧語になります。似た表現の「お伝えします」は、動作の受け手に敬意を払う謙譲語になるので、伝える相手が敬うべき人の時に使います。

POINT

「申し伝えます」と「お伝えします」は使い分けよう

その人を知っている……

知っています ではなく

存じ上げております

「知っています」を丁寧に表現

「存じる」は「知る」「思う」の謙譲語です。ものやことがらを「知っている」「思っている」という場合は「存じております」と表現します。

一方、例文の「存じ上げております」は、目上の人のことを知っているという場合に用いられる表現です。

POINT

「存じております」と「存じ上げております」も使い分けよう

ミスをして謝る時は……

すみません　ではなく

申し訳ございません

「すみません」は不適切

ミスをした際の謝罪の言葉として「すみません」「ごめんなさい」といった表現は、カジュアルすぎるため不適切です。謝る場合は「申し訳ございません」が正解。また、誘いなどを断る際は「心苦しいのですが、予定がありまして」と自然に言えるとスマート。

POINT

ビジネスシーンで「すみません」は、やや気軽な印象に

うっかり忘れていた時は……

忘れていました　ではなく

失念しておりました

忘れるのは仕方がないが……

人間なら誰しも忘れることはありますが、ビジネスシーンでそのまま「忘れていました」と言うのはNG。「失念」は「うっかり忘れること」で、「失念しておりました。誠に申し訳ございません」などと、謝罪の際に用いられることが多い表現です。

POINT

ミスの言い訳の際
大人の表現ができると印象が変わる

"微力ながら"と伝えたい時は……

実力不足ですが　ではなく

ふつつかながら

謙遜しつつも自分をアピール

「ふつつか（不束）」は、気が利かなかったり、行き届いていなかったりすること。「ふつつかながら」と言った場合は「自分は行き届かない人間ですが」という意味になりますが、「そんな私ですが、ご期待に沿えるよう精進します」というニュアンスも伝えられます。

POINT

「実力不足ですが」だと
"自信がないのかな？"という印象に

上司より先に帰る時は……

ご苦労さまです　ではなく

お疲れさまです。お先に失礼いたします

上司に「ご苦労さま」はNG

「ご苦労さま」という表現は、自分と同等か目下の人に使う言葉と受け取る人が多いので、上司に対して使うのはNG。「お疲れさま」という表現は、相手の立場にかかわらず使えます。上司より先に帰る際には「お疲れさまです。お先に失礼いたします」が正解。

POINT

上司など目上の人に対して
「ご苦労さまです」は失礼！

keyword

初対面の印象は「見た目」が重要

メラビアンの法則

第一印象を決める法則

「メラビアンの法則」では、**人物の第一印象ははじめて会った時の3～5秒で決まり、またその情報の大部分を「視覚情報」から得ている**とされます。

また、言語（Verbal）、聴覚（Vocal）、視覚（Visual）で矛盾した情報が与えられた場合、人は視覚で55％、聴覚で38％、言語で7％を認識するとされています。このことから、メラビアンの法則は「3Vの法則」または「7-38-55ルール」とも呼

ばれます。

この法則にのっとった場合、とくに初対面では、態度や表情、しぐさやジェスチャーといった視覚情報が非常に重要ということになります。

また、相手とのコミュニケーションにおいては、いわゆる3V（視覚情報・聴覚情報・言語情報）を一致させることで、正確に相手に伝えることができるようになります。

とはいえ、常に視覚情報がもっとも重要というわけではありません。主に視覚情報によって決定された最初の印象は、複数回会うなどして相手との関係が深まっていく過程で、徐々に言語情報に比重が移っていくと考えられています。

▶メラビアンの法則

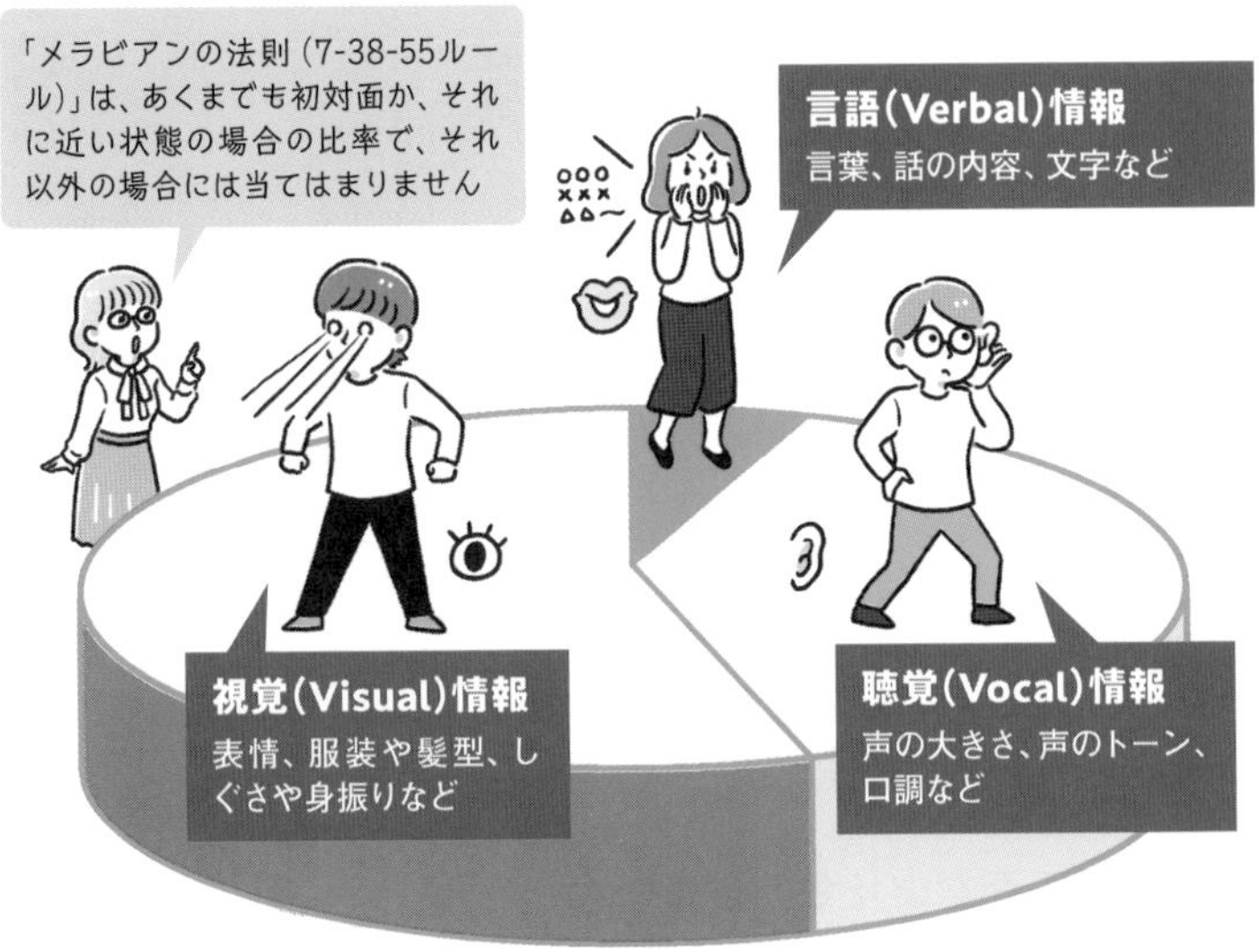

「メラビアンの法則（7-38-55ルール）」は、あくまでも初対面か、それに近い状態の場合の比率で、それ以外の場合には当てはまりません
言語(Verbal)情報
言葉、話の内容、文字など
視覚(Visual)情報
表情、服装や髪型、しぐさや身振りなど
聴覚(Vocal)情報
声の大きさ、声のトーン、口調など

相手に何か、頼みごとをしたい時は……

悪いですが ではなく 忍びないのですが

「申し訳ないと思う気持ち」を伝えられる表現

相手に何か頼みごとをする際、「悪いですが」「悪いけど」などと前置きする場合がありますが、相手によっては「なんで悪いとわかっていてお願いするの？」と、ネガティブに受け取る人もいます。

一方、「忍びないのですが」と言った場合は、**「こんなことをお願いして耐えがたい気持ちですが」といったニュアンスを相手に伝えることができます。**「忍びない」は、「耐えられない」「我慢できない」といった意味の言葉で、謝罪の言葉ではありませんが、「個人的に申し訳なく思う」という心情を相手に伝えられます。

POINT

「申し訳ない」という心情を
にじませて相手に伝える

相手に自分を印象づけたいと思った時は……

覚えておいてください ではなく

お見知りおきください

相手を立てて、自分のことを覚えてもらう

知り合うことで自分にどんなメリットがあるかわからない相手から、唐突に「どうか私のことを覚えておいてください」と言われたら、「なんで?」と思ってしまう人も多いでしょう。そのうえ、一方的なお願いのように聞こえて、不躾《ぶしつけ》な印象を持つ人もいるはずです。こうした場合は、「お見知りおきください」という表現が適切です。「あなたのような方とお近づきになれて光栄です」といった**相手を立てたニュアンスも伝わるため、言われて悪い気がする人はいない**でしょう。自分を印象づけたい時に「どうぞお見知りおきのほどを」「お見知りおき願います」といった形でも使います。

POINT

一方的にお願いするのではなく
相手を立てて控えめにお願いする

相手に何かをお願いしたい時は……

なる早でお願いします ではなく 今週中にお願いします

お願いごとをする時は、明確な期限を伝える

職場で「なる早」という言葉をよく聞く、または使うという人は多いのではないでしょうか？「なるべく早めに」の略語ですが、この表現では**明確な期限がわからない**ため、お願いする側にとっては「明日中」なのに、頼まれる側の解釈は「今週中」だったなど、**誤解を生んだり、仕事の遅延を招いたりする原因になりかねません。**仕事を人にお願いする時は、「事前にチェックをしておきたいので、明後日の会議の3時間前までに」などと、お願いする側がしっかりと希望する期限を伝えることが大切です。また、頼まれる側も、期限が不明瞭な場合は、依頼者に確認するようにしましょう。

「なる早」では、いつまでに
仕上げればいいのかわからない

忙しそうな上司に、何かを頼みたい時は……

お暇な時に ではなく お手すきの際に

相手を「暇」扱いした表現は失礼

「お暇な時に」という表現は、一見、「今は忙しいでしょうから……」と相手を気づかっているようにも感じられますが、裏を返せば**相手に暇な時間があると言っているようなもの**です。ビジネスシーンでなくとも、相手を「暇」扱いする言いかたは失礼です。「お手すき」は、一段落ついた状態を表す言葉で、「手が空いた時にでも」といった意味。「ご多用中とは存じますが」といったクッション言葉を頭につけると、より相手に配慮した言葉づかいになります。資料の確認などを求める際に「お手すきの際にお目通しいただけますでしょうか」といった形で用います。

POINT

どんな場面でも相手を「暇」扱いするのは失礼

上司や先輩に相談したいことがある時は……

ちょっとお時間いただけますか？ ではなく

課長のお知恵をお借りしたいのですが、○分ほどお時間いただけますか？

「あなたの力が必要」と頼られたら、誰しも悪い気はしない

人間なら誰しも、忙しい時に「ちょっとお時間いただけますか？」と言われるとイラッとすることがあります。とはいえ、仕事を進めるうえでは、上司や先輩の意見や判断を仰がなくてはならない場合も。そんな時はまず「課長（○○さん）のお知恵をお借りしたいのですが」と、ほかでもないあなたのお知恵を借りたいと伝えましょう。人間、**名指しで頼られれば「ちょっとひと肌脱ごうか」という気分になるもの**です。続けて「○分ほどお時間をいただけますか？」と、具体的な時間を伝えれば、相手も「そのぐらいの時間ならいいか」と、前向きに話を聞く気分になります。

POINT

名指しで相談したいと訴え
具体的な時間も提示しよう

どうしても、相手に頼みたいことがある時は……

どうしても ではなく 折り入って

「強引」「独りよがり」といった印象を与えないために

職場などで、自分の熱意や切羽詰まった状況を伝えるために「どうしても」という表現を使う場合があります。使ってはいけない言葉というわけではありませんが、「どうしても」「絶対」といった強い表現は、**言われた人に強引で独りよがりな印象を与える**可能性もあるので、注意が必要です。「折り入って」は、「心を込めて」「特別に」「ぜひとも」といった意味。人にお願いや相談をする際に「折り入ってご相談したいことがあります」といった形で使います。内密な相談という印象になるため、「あなたを信頼しているからこそ、相談したいのです」というニュアンスが伝わります。

POINT

**「折り入って」と相談すれば
相手への信頼感が強調できる**

08

keyword フット・イン・ザ・ドア

小さな要求から大きな要求へ

「一貫性の原理」とは？

「フット・イン・ザ・ドア」とは、**まずは相手にとって小さな要求を提示して受け入れてもらったあと、徐々に要求を引き上げる**というテクニックのこと。営業や交渉など、ビジネスシーンでよく使われる方法です。

たとえば、セールスマンがたずねてきた際、「ほんの2〜3分、お話だけでも」と言われると、「2〜3分程度ならいいか」と思う人は多いはず。しかし、玄関に足を踏み入れた相手は、

1
ちょっと鉛筆貸して
いいよ
2
あ、間違えた消しゴムも貸して
どうぞ
3
う〜ん、蛍光ペンも必要だな…
う〜ん
使う？
4
鉛筆立てごと借りてもいい？
うん、まあ、短時間なら…
小さいイエスを重ねると人はノーと言いづらくなります

「今より光熱費が安くなりますよ」「パンフレットをご覧になりませんか？」「お時間をいただければ、詳しくご説明いたします」などと少しずつ要求を引き上げていき、最終的な目標（販売）へとつなげていくのです。

人は最初から最後まで、自分の態度や発言、行動などに〝一貫性を持ちたい〟という心理的傾向の「一貫性の原理」があります。フット・イン・ザ・ドアは、この「一貫性の原理」にもとづくテクニックです。

フット・イン・ザ・ドアを活用する際は、急に大きな要求をすると断られる可能性が高まるため、段階をしっかりと踏んで、徐々に要求を引き上げていきましょう。

▼「ドア・イン・ザ・フェイス」とは？

フット・イン・ザ・ドアとは逆に、まず相手が断るであろう大きな要求を出し、相手に罪悪感を抱かせることで、小さな頼みごとを相手に受け入れさせるテクニックが「ドア・イン・ザ・フェイス」です。これは相手から受けた好意などに対し「お返しをしなくては」と感じる「返報性の原理」を応用した手法です。

50万円の寄付を
お願いします
ムリムリ…

5000円でも
よいのですが…
決っして
安くはない
じゃあ…

前にも伝えたはずなのに、伝わっていない時は……

前にも言いましたが ではなく 説明がわかりづらくて失礼いたしました

仕事を進めるには、相手を責めてもしょうがない

電話やメールで上司や取引先などから問い合わせを受けた際、実際に一度説明した内容だったとしても「前にも言いましたが」「以前もご説明いたしましたが」などと前置きするのはNGです。相手は「しっかりと聞いていなかった私が悪いのか？」と反発を感じてしまいます。自分に非がなかったとしても、あえて下手に出て「説明がわかりづらくて失礼いたしました」と言えば、相手も素直に「そういえば、前に聞いたかも」と思うもの。良好な関係を築きたいのであれば、**相手が聞いていなかったり、理解していなかったりしたことを責めたところで、何もいいことはありません。**

自分に非がない場合こそ
あえて下手に出れば好感度アップ

発言したい。でも、自慢に聞こえるかも……

自慢になってしまいますが ではなく

手前味噌ながら

謙遜のニュアンスを含む表現を使えば大丈夫

目上の人が部下など目下の人にする話で、もっとも嫌われるのが「自慢」と「説教」です。とくに自慢話は、目上どころか対等の立場の人の話だとしても辟易するという人は多いのではないでしょうか？「手前味噌」は自信のあることがらについて使う表現で、**「自慢」と似たような意味になりますが**、「自慢になってしまうので申し訳ないのですが」という**謙遜のニュアンスも含んでいるため、聞き手も素直に受け入れやすくなります**。基本、自慢話は控えたほうがよいですが、仕事上、自己アピールのために必要な場合があるもの。そんな時は「手前味噌ながら」と切り出しましょう。

POINT

一番嫌われる「自慢」と「説教」
自慢する時は謙虚さを心がける

生意気に聞こえないよう、目上の人をほめたい時は……

さすがですね ではなく 頭が下がります

〝上から目線〟で相手を評価するのはNG

32ページで解説した「上手ですね」「すごいですね」などの表現と同様、目上の人に対して、安易に「さすがですね」といったほめる表現を使うのは、〝上から目線〟で相手を評価することになるので失礼です。そんな時は「頭が下がります」と言うと、**〝上から目線〟とは真逆の敬意がこもった印象になります。**「頭が下がる」とは、「尊敬しないではいられない」「感心させられる」といった意味を表す言葉。ちなみに、似た表現の「頭が上がらない」は、弱みや引け目があって対等な関係に立てないことを表す言葉で、「頭が下がる」とは意味が異なります。

POINT

目上の人に対して
〝上から目線〟の評価はNG

上司にほめられた。何か言葉を返すなら？……

おほめいただき恐縮です ではなく もったいないお言葉です

適切な表現で返して「ほめがいのある部下」になろう

　上司などにほめられた時、「おほめいただき恐縮です」と返すのも間違いではありませんが、ややつまらない返答という印象です。そんな時は「もったいないお言葉です」「身に余る光栄です」などと返すことができれば、適切な言葉を知っている人という印象を与えられます。続けて「ご指導いただいているおかげです」とお礼の気持ちを添えると、上司も「ほめがいのある部下」と感じるはず。「もったいないお言葉です」「身に余る光栄です」は、ともに自分を下げて相手を持ち上げる表現なので、**「ほめられても調子に乗らず、謙虚で頼もしい」と、好感度アップにつながります。**

POINT

ほめられても調子に乗らず
自分を下げて相手を上げる

09

keyword クッション話法

相手の意見をいったん受け入れる

相手の意見をすぐに否定しない

「イエス・バット法」とは、相手の意見をいったん「そうですね（yes）」と受け入れたのち、「しかし（but）」と自分の意見を伝える方法です。

たとえば、上司から「今回のプランはデータが少ないので危険だ」と言われた場合、提案者である部下が「その考えかたは間違っています」とすぐに否定すると、相手は少なからずイヤな思いをするでしょう。

一方、部下の側が「私もそう思いま

イエス・バット法

「そうですね」などと相手の意見を肯定したあとで、「しかし」「ですが」といった否定を表す接続詞に続けて、自分の意見を言う話法。

そうですね。
しかし、こちらのほうが…

イエス・アンド法

「そうですね」などと相手の意見を肯定したあとで、「実は」「あとは」といった否定ではない接続詞に続けて、自分の意見を言う話法。

そうですね。
実は、この商品は…

す。しかし、データが少ないのはブルーオーシャン（未開拓市場）だからという解釈も可能です」などと、**一度相手の意見を肯定したのち、自分の意見を伝える**ようにすると、言葉の印象が柔らかくなります。

　このように、相手の意見を一度肯定したのち、自分の意見を展開する話法を「クッション話法」と言います。クッション話法には、イエス・バット法のほかにも「イエス・アンド法」「イエス・イフ法」「イエス・ハウ法」などがあります。

「しかし」「でも」といった否定の表現を避けたい場合は、こうした別のクッション話法を使うようにするとよいでしょう。

イエス・イフ法

「そうですね」などと相手の意見を肯定したあとで、「もし」「たとえば」といった仮定を表す接続詞に続けて、相手の条件を聞き出す話法。

そうですね。
確かに高額です。
もし、もう少し
安くすればご購入を
検討していただけますか？

イエス・ハウ法

「そうですね」などと相手の意見を肯定したあとで、「どうすれば」「どのぐらいなら」と問いかけて、相手の具体的な条件を聞き出す話法。

そうですね。
確かに高額です。
どのぐらいの
金額なら購入を
検討いただけますか？

イエス・バット法は、結局は相手を否定するため、営業やセールスを行う人たちの間では「あまり効果がない」という意見も

自分には荷が重い仕事を頼まれた時は……

とてもできません ではなく 私では力不足です

"できない"と思ったら、スマートな表現で理由を伝える

どう考えても自分の実力では完遂が難しい仕事の依頼があった時には、断らざるを得ないこともあります。しかし、そんな時に「とてもできません」の一言だけでは、**実力不足なのか、やる気がないのか、相手にはわかりません**。せっかくの依頼を断らざるを得ない時には、まずは「お声がけいただいてありがとうございます」と感謝を述べましょう。そのうえで、「私では力不足と感じます。申し訳ございません」と理由とお詫びを添えれば、ムリにでも、という人はそうはいないはず。「私では力不足です」は、「私には荷が重いので」と言いかえてもよいでしょう。

「とてもできません」では説明不足
断る時は感謝・理由・お詫びで返す

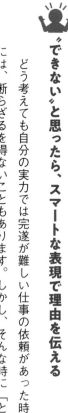

上司や先輩の助けが必要な時は……

助けてください ではなく お力添えください

自分はへりくだり、相手を立てて助けを求める

「助けてください」と言われて怒る人はあまりいませんが、「面倒そうだな……」と警戒する人は多いものです。そのため、人に助けを求める時は言いかたにも注意が必要です。とくに目上の人に助けを求める場合は「お力添えください」と、**相手を立てるようにしてお願いしましょう。**部下や後輩などから頼られると、素直にうれしいと感じる人は意外と多いので、心配はいりません。ちなみに「力添え」という表現は目下の人が目上の人を手助けする場合にも使いますが、接頭語の「お」をつけて「お力添えください」と言った場合は、目上の人に助けを求める丁寧な言葉になります。

「お力添えください」と丁寧な言葉でお願いする

どうやって仕事を進めればいいかわからない時は……

どうすればいいでしょうか？ ではなく 私は○○と思うのですが、課長はどう思われますか？

上司はあなたより忙しい！「相談の丸投げ」は絶対NG

新人のうちは仕事の進めかたがわからなかったり、迷ったりすることはよくあることです。そんな時は、一人で思い悩んで時間を浪費するより、上司に相談したほうが効率的です。とはいえ、たくさんの部下やプロジェクトを抱える上司に「どうすればいいでしょうか？」と相談の丸投げをしたら、「少しは自分で考えろ！」と怒られても仕方ありません。そうならないためには、まずは自分で考えてみて、「私は○○と思うのですが、課長はどう思われますか？」と伝えましょう。**自分の意見や選択肢も提示して相談することで、上司の負担は減り、短時間で判断することができるようになります。**

POINT

上司に相談する際は
自分の意見も提示しよう

大きな仕事を任された。自分のやる気を伝えたい時は……

がんばります ではなく ご期待に沿えるよう、精進いたします

「がんばります」だけではやや稚拙

「がんばります」という言いかたが悪いわけではありません。しかし、やや言葉足らずという印象です。やる気は伝わったとしても、**「何を、どうがんばるのか？」がまったく伝わらない**からです。一番伝わるのは、自分の設定した目標値や、そこに至るプランを述べるなど、〝何をどうがんばるのか〟を具体的に伝えることですが、任命されたばかりで目標もプランもまだないという場合もあるでしょう。そんな時は、せめて「ご期待に沿えるよう、精進いたします」または「尽力します」「全身全霊をかけて取り組みます」などと大人の言葉づかいで、スマートにやる気を伝えましょう。

POINT

何をどうがんばるのか
具体的に伝えよう

忙しいのに、さらに仕事を頼まれた時は……

忙しいのでできません ではなく あいにく手がふさがっておりまして

なぜ忙しいのか、相手が納得する理由を伝えよう

56ページで「忙しい」を理由に誘いを断るのはNGと書きましたが、仕事の依頼を断る場合も同様です。**仕事中に「忙しい」のは当たり前ですから、むしろ仕事の依頼を断る場合こそ「忙しい」は理由にならない**と考えるべきです。とはいえ、実際に忙しすぎて依頼に応えられないこともあります。そんな時は「あいにく手がふさがっておりまして」と断りましょう。たとえば上司に雑用を頼まれた場合、「2時間後に提出予定の資料作成で手がふさがっていますので、それが終わったあとでもよろしいでしょうか」と理由を伝えれば、よほど緊急な用件でない限り「今すぐやれ」とはなりません。

仕事において「忙しい」は断る理由にならない

ご指名で仕事の依頼があった時は……

やります ではなく お安いご用です

「やります」だと、ややぶっきらぼうな印象に

仕事の評価基準の一つに「フットワークの軽さ」があります。なかなか行動しなかったり、積極的でなかったりすると、「あの人に仕事を頼んでもなかなか進まないから」と、評価が下がってしまいます。ビジネスシーンでは、上司や取引先から急な用件が舞い込むことが多々あります。そんな時に「お安いご用です」「お任せください」といった言いかたができれば、**「あの人はフットワークが軽い」という好印象を持ってもらえます。**ただし、口先だけで実質がともなわないと、そのうち「あれ、実は仕事できない人？」とバレてしまいますので、言葉にふさわしい行動力も身につけましょう。

**「お安いご用です」の一言で
相手は依頼しやすくなる**

10

keyword インタビュー効果

メモをとると好印象が与えられる

メモをとることのメリット

メモをとるという行為には、「要点を整理する」「箇条書きにすることで忘れにくくなる」「説明を求められた時に、メモを見返すことでポイントをスムーズに伝えられる」など、さまざまなメリットがあります。

また、メモをとることのメリットはそれだけではありません。**熱心にメモをとる様子を見せることで、相手に好印象が与えられる**のです。

たとえば、あなたが先輩の社員と話

1
先輩、ご意見を聞かせてください
う～ん、忙しいのに
2
どうぞ
メモ？長引きそうだな…
サッ
3
熱心だな。こっちも真剣に対応しないと
フムフム フムフム
4
この後輩は将来伸びそうだ
相談された側も聞き手の熱心な姿を見ると好感を持ちます

していたとします。その時、相づちを打つだけでは、相手は「本当にわかっているのかな？」「聞いているだけでは？」と感じるかもしれません。

そこで後輩であるあなたが、メモをとっていたとしたらどうでしょう？相手は「熱心に聞いて覚えようとしている」「メモをして要点をまとめようとしている」と思い、「真剣に話を聞く人だな」と、あなたに好印象を抱くはずです。

また、メモをとりながら聞くことで、相手からより多くの情報が引き出せるとも言われています。

このような、メモを取ることで相手に好印象を与える効果を、心理学では「インタビュー効果」と言います。

▶ メモには「相手の言質《げんち》を取る」効果も

たとえば予算や人員といった課題や条件などについて質問した場合、相手の説明をメモして「ということは、これをクリアすればOKですね」と念を押せば、多くの場合、相手は了承せざるを得なくなります
この予算を確保するのは難しいぞ
では、予算の目途が立てば進めてOKですね

プランが決定した。とくに反論がない時は……

それでいいです ではなく 異存はございません

「思慮深い人」という印象が相手に与えられる言いかた

上司や取引先からの提案に対して「それでいいです」「いいんじゃないですか」といった言葉で同意を示すのは失礼です。どちらの言いかたも、相手に投げやりで素っ気ない印象を与えてしまいます。「いい加減」な印象を与える返事ばかりしていると、「仕事もいい加減な人」と思われかねません。反対意見がないことを丁寧に伝える場合には「異存はございません」と伝えましょう。**やや重々しい表現ですが「思慮深い人だ」という印象が相手に与えられます**。同意や了承の意思をもう少し軽く伝えたい場合は「そちらでよろしいかと存じます」「承知しました」などと言ってもよいでしょう。

相手に投げやりな印象を与える言葉づかいは極力避ける

その提案には納得がいかない時は……

反対です ではなく ○○という意見もあるようです

相手の気持ちを逆なでしない反対意見の言いかた

仕事を成功させるためには、時に反対意見を述べることも大切です。しかし、上司や先輩が提案した意見に、真っ向から「反対です」と言うのは気が引けますし、相手の気分を害してしまう可能性もあります。そうした時には「○○という意見もあるようです」とソフトに言いかえると、相手の気持ちを逆なですることなく、スムーズに反対意見が述べられます。

同じく、真っ向から「納得いきません」などと相手を否定するのではなく、「別の観点から見ると～」と**相手の意見を認めたうえで代替案を提示することで、相手も受け入れやすくなります。**

POINT

真っ向から否定せず
ソフトに言いかえる

自分が原因でミスが発生した時は……

自分のせいです ではなく 不徳のいたすところです

謝罪の際の言葉づかいには十分な注意が必要

仕事で失敗して謝罪をする時に、どんな言葉を選ぶかはとても重要です。基本は、ふだんより数段かしこまった言葉を使います。たとえば、自分が原因でミスが発生した時に「自分のせいです」とストレートに言っても、言葉選びの稚拙さと相まって、ことの重大さに対する反省の念が伝わりにくいものです。それよりも「不徳のいたすところです」「自責の念にかられています」といった**重々しい表現のほうが、本人の反省の深さが感じられます**。選んだ一言で誠意を伝えられることもあれば、相手を逆なでしてしまうこともあるので、謝罪の際の言葉づかいには十分に注意しましょう。

「自分のせいです」では
反省の念が伝わりにくい

相手の意見や命令が間違っている時は……

それは違います ではなく そういった考えかたもありますが

いったん相手の意見を受け入れたうえで自分の意見を述べる

95ページに登場したNGワード「反対です」と同様、「それは違います」という言いかたも、とくに目上の相手に対しては、そのまま投げかけるのはなるべく避けるべき表現です。もし、「それは違う」と思った時は、「そういった考えかたもありますが」と**いったん相手の意見を受け入れたうえで自分の意見を述べる**と、相手は「意見を聞いてみよう」という気持ちになります。また、議題が自分にかかわるテーマだった場合は、「そこが難しいところでして」と切り出すことで、真っ向から対立することなく、自然に問題点へと会話を誘導することができます。

相手の意見を受け入れたうえで
自分の意見を述べる

上司に「一緒に行くか」と誘われた時は……

一緒に行きます ではなく 喜んでお供させていただきます

まずは「外に出しても恥ずかしくない人」になろう

円滑なコミュニケーションのためには、「相手を立てる」ことも重要です。適切な表現で、わざとらしくなく自然に相手を立てることができれば、おのずと相手に好印象を与えられるようになります。たとえば目上の人に誘われた時に、「一緒に行きます」という返事では、稚拙な印象を与えてしまいます。そんな時には「喜んでお供させていただきます」と自然に答えられれば、**「外に連れていっても恥ずかしくないヤツ」と思わせることができます**。ちなみに、食事のお誘いの場合は「ご相伴《しょうばん》させていただきます」という表現でもいいでしょう。

「お供」とは、目上の人に付き従って行くこと

その仕事、自分が担当したい時は……

私こそ適任です。ぜひ、やらせてください

ではなく

お役に立てると思います。いかがでしょうか？

相手に判断を委ねることで、自分の採用をうながす

右の例文を見て、「〜ぜひ、やらせてください」という表現のほうが積極的でよいと感じた人もいるのではないでしょうか？　しかし、人間の心理を考えた場合、別の見かたもできます。**人は自分で選択したことを「いい」と思い込む傾向がある**からです。そのため、訴える相手によっては「いかがでしょうか？」と、**相手に判断を委ねたほうがうまくいく場合が多い**のです。とくに気難しい人は、「決定するのは私で、あなたではない」と考える人が多いので、こうしたタイプの上司に出会ったら、積極性をアピールしつつ、「いかがでしょうか？」と相手に判断を委ねてみましょう。

人は自分で選択したことを「いい」と思い込む傾向がある

11 むやみに体を動かさず、ゆっくりと話す

keyword セルフ・マニピュレーション

「自信」は自分でつくる

「セルフ・マニピュレーション」とは、「セルフ＝自分自身」と「マニピュレーション＝操作」を組み合わせた言葉で、文字どおり「自分自身を操作する」ことを指します。自分自身の身振り手振りや表情、態度、声色などを意識的にコントロールすることで、相手の自分に対する印象をよい方向にコントロールするテクニックです。

たとえばプレゼンテーションなどを行う際は、自信あふれる堂々とした態

先輩、
自信がなくて
悩んでいます
若いうちは
そんなもんだ
フムフム
そんな場合は
自信があるフリを
すれば大丈夫
ホ…
ホント…
人前に出る時は
胸を張って！
むやみに
体を動かさない！
ビシッ
先輩も
こうやって
努力してきたんですね！
いや、
オレは生まれつき
自信満々だから
カッケ〜

度が相手に安心感を与え、信頼を得やすくなるため、プレゼン自体の説得力も増します。

自信あふれる堂々とした態度を身につけるためには、まずは**「動かない」**ことを意識しましょう。胸を張ってどっしりと構えていれば、自信のある印象が与えられます。

次に、**「大きめの声で、ゆっくりと話す」**ようにしましょう。声が小さいと自信がないように見えてしまいます。

そして、**「視線をむやみに動かさない」**ことも大切です。大勢の人の前に立つ時は、場を見渡すように顔を上げて話すようにしましょう。さらに柔らかな笑顔を心がけることで、相手に安心感も与えられます。

▶ こんな人は〝自信がなさそう〟に見えるので注意

体をゆらす
早口でしゃべる
目が泳いでいる
顔や髪を頻繁に触る
声が小さい
顔がずっと下を向いている
セルフ・マニピュレーションを続けるうちに、自らの性格に自信がすり込まれていき、徐々に堂々とした態度でいられるようになっていきます
これらの反対のことを心がければ自信があるようなふるまいができます

最適な仕事の進めかたを伝えたい時は……

こうするべきだよね ではなく こうしてほしい

断定は避け、改善すべき理由を説明したあとで要望を伝える

「～するべき」という断定は、人を追い込みます。たとえば「挨拶はするべきだよね」といった誰もが納得できるような指摘ならまだいいですが、「新人なら、先輩より30分前に出社するべきだよね」などの、言う側の一方的な価値観を押しつけるような内容だと、パワハラになりかねません。もし、相手のミスを指摘したり、何かしら注意したりする必要がある場合は「べき論」ではなく、「経理部からクレームが来ている」などと**改善すべき理由を説明したあとで、「これからは書類を書き上げたあと、ミスがないかもう一度見直してほしい」といった形で要望を伝えるとよいでしょう。**

「べき論」はなるべく避けて
理由と要望をセットで伝える

部下に一つ上のレベルの仕事を任せたい時は……

この仕事、あなたには難しいかな？

ではなく

この仕事、やりがいがあると思わない？

相手がポジティブに答えられるように問いかける

人は、「あなたには難しいかな？」「ムリかな？」などとネガティブな聞きかたをされると、「できないかも」と心も後ろ向きになってしまい、「はい、できそうにありません」と返事もネガティブになりがちです。相手のポジティブな言葉を引き出したいと思ったら、「この仕事、やりがいがあると思わない？」「この仕事、あなた得意そうだけど」などとポジティブに答えられるように問いかけると、聞く側も聞かれた側もお互いに前向きな気持ちになり、相手からポジティブな返事が引き出せるようになります。**仕事を任せる側が、最初から懐疑的に問いかけることは避けましょう。**

相手がポジティブに答えられるように問いかける

仕事を頼もうと思ったが、ずいぶん忙しそうな時は……

忙しそうだから、これは別の人に頼むね

ではなく

あなたにはもっと上のレベルの仕事を任せたいから、これは別の人に頼むね

悪気がなくても、相手の気分を害する言いかたは避ける

上司からしたら、部下の負担を減らそうと親切のつもりで言ったとしても、「忙しそうだから」「仕事が詰まっているようだから」などと頭ごなしに決めつけられると、言われた側は「自分の能力が足りない」「仕事のスピードが遅い」と言われたような気がして、気分がよくないものです。

そんな時は、「あなたにはもっと上のレベルの仕事を任せたいから」「この次に、ぜひあなたにやってもらいたい仕事があるから」などと、**相手の〝仕事の能力〟を信頼していることが伝わる言いかたをすれば、言われた側も素直に聞き入れられます。**

POINT

相手の〝仕事の能力〟への
信頼が伝わる言いかたを心がける

部下や後輩のパフォーマンスが悪い時は……

こんなこともできないの？ではなく どうしたらできるかな？

相手に寄り添えば信頼度もアップ

上司や先輩から見ると、自分には当たり前にできることができない新人をふがいなく感じる時もあるでしょう。しかし、できるようになると簡単に思えることも、最初は難しいなんてことはざらにあります。また、いざできるようになると、自分も苦労したということを忘れがちなもの。多少、部下や後輩がふがいなく見えたとしても「こんなこともできないの？」とバカにした言いかたをするのはNGです。かえって相手のやる気をそいでしまいます。自分が新人だった頃を思い出して、「どうしたらできるかな？」と**相手に寄り添った表現をすれば、部下や後輩からの信頼度も増します。**

POINT

バカにしたような言いかたは
相手のやる気をそいでしまう

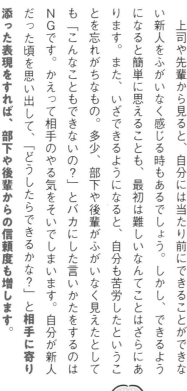

部下が思いどおりに成果を上げてくれない時は……

全然ダメじゃないか ではなく どうしたんだ。あなたらしくないね

反発を招くより、冷静な話し合いのほうが発展的

仕事は、社内・社外を問わず、人と人とのつながりで成り立っています。そのため、たとえ相手を鼓舞するという意図があったとしても、**あからさまに相手の反感を買ったり、相手を傷つけたりするような表現は避けるべき**です。たとえばミスをした部下に対して「全然ダメじゃないか」「まったく成長しないな」などストレートすぎる言いかたをすると、「そもそもノルマが重すぎる」「上司や先輩の指導が悪い」などと相手の反発を招いてしまいます。そんな時は「どうしたんだ。あなたらしくないね」と言いかえるだけで当たりが柔らかくなり、冷静な話し合いができるようになります。

当たりの強い言いかたは逆効果。まずは相手を「認めている」ことを伝える

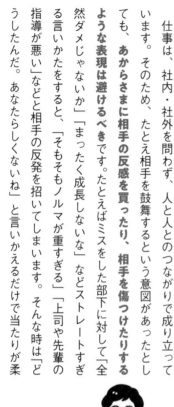

部下や後輩がミスをしてしまった時は……

ミスの原因は？ ではなく どうすればミスを防げるかな？

相手を問い詰めたところで、犯したミスはなくならない

一度犯したミスを過去に戻って取り消すことはできないので、ミスを犯した人に「ミスの原因は？」と問い詰めても意味はありません。起こってしまったことを責めるよりも、「どうすればミスを防げるかな？」と問いかけ、**同じことを繰り返さないために建設的な話し合いをすることのほうがよっぽど大切です。**仕事を進めるうえで大切なのは冷静さです。感情的になってしまうと、仕事やチームにとって何が大切かよりも、相手を責めることが優先されるといった本末転倒なことが起こりがちです。相手を問い詰めるのではなく、冷静に、建設的に話し合いましょう。

変わらぬ過去をほじくるより
前進のための話し合いを

12

keyword 部下のしかりかた

部下が育つ「しかりかた」と「ほめかた」

「怒る」と「しかる」は違う

部下や後輩を指導する立場になれば、当然ながら、相手をしからなければならない場面も出てきます。その時に意識しておきたいのが、**「怒る」と「しかる」は違う**ということです。

「怒る」とは、自分の怒りを感情的に相手にぶつけること。一方、「しかる」とは、相手に間違いを改善してもらえるように注意やアドバイスをすることです。しかる時には、怒りに任せて自分のイライラを相手にぶつけるのでは

しかる時の4つの注意点
①しかる時は「その場」で「短く」
今度から気をつけてね
②「人前」ではしからない
恨んでやる…
ザワ
ザワ
ザワ
③メールでしかるのはNG
※メールは一方通行なので感情的になってしまう
あ〜もうッ
④最後は励ましたりほめたりして、相手のやる気を持続させる
まあ、期待…しているから

なく、相手の意欲をそいでしまわないよう、十分に配慮して伝える必要があります。また、しかる時には、相手が納得できるしかりかたをすることが大切です。たとえしかる側の理屈は間違っていなかったとしても、正論で相手をねじ伏せるようなしかりかたは反感を買います。

また、部下や後輩をしかる時は、なるべくほかの社員がいないところでしかるようにしましょう。人前でしかると相手に恥をかかせることになるうえ、「さらし者にされた」という意識を植えつけてしまいます。そんな状況ではアドバイスが耳に入らないばかりか、あなたに恨みの感情を抱いてしまう可能性すらあります。

▼ほめることも大切

人は自分をほめてくれた人に好感を抱きやすいもの。また、ほめることで部下や後輩のモチベーションを高めることもできます。

さらに、相手のやる気を引き出したい場合は、結果だけでなくプロセスをほめたり、しかる時とは逆に、ほかの社員が大勢いるところでほめたりすると効果的です。

▶ほめかたのコツ

①具体的にほめる

エビデンスとしての
データが明確で
わかりやすかったよ
グッ

②人前でほめる

キミの
おかげだ
うれしいじゃ
ないか
ザワ
ザワ
ザワ
ザワ
グッ

常識的なことを知らない部下がいた時は……

ふつう、〇〇でしょ？ ではなく 私は〇〇だと思うけど

頭ごなしに否定せず、相手に寄り添ったアドバイスを

上司から「ふつう、これぐらい知っているでしょ？」と言われたら、あなたはどんな気持ちになりますか？「そんなの知らねえよ」と思う人もいるかもしれませんが、立場の弱い新人であれば、大概の人は「やっぱり勉強不足なのか」と自信をなくすでしょう。**無神経な言いかたのせいで相手の自信をそぎ、積極性を奪うことは、意味がないどころか害悪です。**もし部下や後輩が知らなかったり、できなかったりすることがあっても、頭ごなしに否定するのはNGです。それよりも「私はこう思うけど」とアドバイスすることで、お互いによりよい関係が築けるうえ、相手を成長へと導けます。

部下の自信を奪うより
積極性を伸ばそう

部下や後輩の士気を鼓舞したい時は……

みんながんばっているから ではなく あなたはがんばっているね

個人を励まし、評価することが部下の積極性を引き出す

もしあなたが上司なら、特定の部下だけでなく、チームの全員にがんばってもらいたいと考えるでしょう。しかし、部下の一人ひとりを励ます時に「みんながんばっているから」では伝わりません。むしろ、「じゃあ、自分一人ぐらいがんばらなくても大丈夫か」とやる気をなくす人もいるかもしれません。個人を励ますなら、「まだ3カ月目なのに、新規の開拓したんだって？ がんばっているね」と**個人に対して声かけをするべき**です。そうすれば、相手も「ちゃんと見ていてくれたんだ」「評価してくれたんだ」と感じ、「○○さんのためにもがんばろう」と前向きな気持ちになります。

POINT

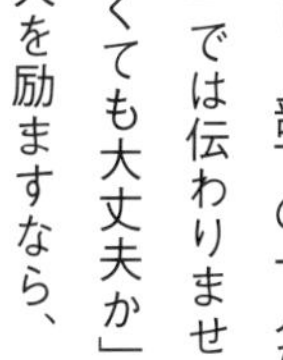

チームを率いるためには
個人を励まし、評価する

部下や後輩が成果物を提出してきた時は……

まあ、いいんじゃないかな ではなく これ、すごくいいね

投げやりな印象のほめかたは避けよう

あなたが渾身《こんしん》の企画書を作成したとします。それを見た上司や先輩が「まあ、いいんじゃないかな」と言ったら、あなたはどう感じるでしょう？「及第点程度ってこと？」と感じ、「改善点があるなら教えてほしい」と思うはず。部下や後輩をほめる時は、投げやりな印象を与える言葉で適当にほめるのではなく、ストレートに「これ、すごくいいね」と伝えましょう。さらに、「今までにない着眼点だね」などと、**よい点を具体的にほめたり**、「この部分にデータを入れたほうが、説得力が増すと思うよ」などと**アドバイスをしたりすることができれば、言われたほうも熱心に聞いてくれます。**

POINT

「これ、すごくいいね」が
部下の成長をうながす

パフォーマンスが落ちている部下がいた時は……

本当にやる気ある？ではなく

仕事の調子が悪いみたいだけど、話を聞こうか？

焦らず、責めず、感情的にならずに、相手に寄り添う

部下を指導するうえで、イライラは禁物です。もしパフォーマンスが落ちている部下がいて、気合を入れたいと思っても「本当にやる気ある？」などと感情的な言いかたをしてしまっては逆効果です。そんな時は「最近、仕事の調子が悪いみたいだけど」と、**まずは相手の様子を心配していることを伝えましょう**。そのうえで、具体的な話を聞き、改善策まで話し合えればベターです。誰でも、調子が悪いときほど悪循環に陥ってしまうなんて経験はあるはず。焦らず、責めず、感情的にならずに、相手に寄り添い、じっくりと話し合うことで、改善するべきポイントも見えてきます。

POINT

部下のやる気をうながすのは
叱責ではなく寄り添う言葉

部下や後輩の仕事の進めかたがおかしい時は……

そんなやりかたじゃダメでしょ ではなく 新しい方法を試してみない？

さりげなく提案し、最終判断は相手に委ねる

あなたが上司だったとしても、チーム内であなたのやりかたや考えかたが絶対に正しいということはありません。部下には部下のやりかたがあり、成功してきたというプライドもあります。だから、時にうまくいっていないからといって頭ごなしに「ダメでしょ」と否定したり、「こうすれば大丈夫だから」と押しつけたりするのはNGです。とはいえ、あなたのアドバイスが必要な場合もあるでしょう。そんな時は「新しい方法を試してみない？　今までのやりかたとどっちがいいか、判断してみてよ」と**相手を立ててアドバイスしてみましょう**。この方法なら、相手も素直に耳を傾けてくれます。

上司の考えが正しいとは限らない。部下の自主性やプライドを重んじよう

部下の仕事内容が物足りない時は……

ちゃんと考えた？ ではなく こういうふうに考えるとどうかな？

頭ごなしの否定は仕事のパフォーマンスを下げる

多くの仕事を経験してきた上司や先輩から見たら、部下や後輩の仕事の進めかたや成果物が「物足りない」と感じることも多いでしょう。だからといって、頭ごなしに「ちゃんと考えた？」「本当にそれでいいと思う？」などと**方向性も示さずに否定されたら、部下は自信を失い、かえって仕事が進まなくなってしまいます**。そんな時は、「こういうふうに考えるとどうかな？」「こういう見方もあると思うけど」などと相手に歩み寄り、方向性やヒントを示しましょう。そうすれば仕事がスムーズに進むうえ、チームワークが高まり、部下や後輩の成長にもつながります。

POINT

**内容が不十分だと思ったら
方向性やヒントを示す**

keyword 開放性の法則、1on1ミーティング

話しかけやすい環境づくりが大切

「プライベートな話」も効果的

単純なジェネレーションギャップはもとより、自分が新人だった時代と今との環境の違い、性格や考えかたの不一致などなど、いつの時代も「上司と部下」の関係に悩みの種は尽きません。とはいえ手をこまねいているだけではチームの業績は上がらず、なかなか部下も成長しません。こうした状況を改善するには、上司に対して部下が相談したり、話しかけたりしやすい雰囲気づくりが大切です。

1
娘のつきそいで
映画見に行ったんだけど
感動しちゃって
課長、その映画
私も見ました
ほんとよかったですよね！
2
プライベートなことを話すと相手に親近感がわきます。これを心理学では「開放性の法則」と言います
部長、あの映画のどのシーンが好きですか？
う〜ん
そうだな〜

たとえば、**上司がふだんからプライベートな話をしていると、部下は上司に対して親近感がわき、話しかけやすくなります**。かつてはノミニケーションも有効でしたが、最近は酒席を好まない若者も多く、あまりオススメできません。

1on1ミーティングも有効です。最近困ったことや仕事でうまくいったこと、仕事やチームの改善案、挑戦したい仕事のことなどを定期的に話し合うことで、部下の仕事に対する熱意ややる気もアップするはずです。

その際、部下の話を聞くだけでなく、仕事ぶりなどをほめると、部下が自信を持つきっかけになるうえ、上司への親近感や信頼度も増すでしょう。

▼1on1ミーティングのコツ

1on1ミーティングにおいては、上司はなるべく聞き役にまわり、発言は短い質問や相づち程度におさえましょう。自分の話を長々としたり、相手の話を途中でさえぎったりするのはNG。部下がしっかり話せる状況をつくることが大切です。仕事上の情報共有ばかりでなく、コミュニケーションの促進にもつながります。

なるほど、
そのアイデアは
浮かばなかったよ
スゴイ!
部下の話をしっかりと聞いたうえで、要所要所でアドバイスをしたり、ほめたりすると、部下は「自分のことを見て（考えて）くれている」と感じます

困った時のクッション言葉

相手に何かを依頼したり、お詫びやお断りなど切り出しにくい話をしたりする時には、言葉の強さを和らげる「クッション言葉」が便利です。「クッション言葉」を使用すると、相手への遠慮や気づかいなどが伝わるうえ、言いにくいことも言いやすくなります。以下で、主な3つのケースで役立つクッション言葉を紹介します。

「依頼」する時

ご多用中かと存じますが

恐れ入りますが

お差し支えなければ

勝手申し上げますが

申し訳ございませんが

ご都合がよろしければ
（ご都合がよい時で結構ですので）

恐縮でございますが

お手数をおかけしますが
（お手間を取らせますが）

ご足労をおかけしますが

ご面倒ですが

ご迷惑をおかけしますが

よろしければ

「お詫び」「お断り」する時

失礼とは存じますが

ありがたいご提案ではあるのですが

誠に申し上げにくいのですが

お気持ちは
ありがたいのですが

大変恐縮ですが

お役に立てず申し訳ございませんが

お手数をおかけしたのに
恐縮ですが

ご期待に沿えず
心苦しいのですが

せっかくですが

残念ながら

こちらとしても
残念でございますが

身に余る
お言葉ですが

「反論」する時

おっしゃることはわかりますが

失礼とは存じますが

差し出がましいようですが

ご意見はなるほどと
思いますが

確かにそのとおりで
ございますが

お言葉を返すようですが

Chapter 03

男性と女性の会話はどうしてすれ違ってしまうのか？――その原因は、そもそも「脳」のつくりが違うからとも言われています。「脳」のつくりが違うかどうかはさておき、男女における心理的傾向に違いがあることは確かです。ということは、その「違い」が何なのかを知ることが、男女間での会話をスムーズにする近道になります。この章では、「男女の違い」に着目した心理テクニックを交えて、男女の、そして夫婦の会話術を学びましょう。

伝えかた、人に好かれるのはどっち？

恋愛・結婚編

この章で解説する内容は、主に男女の出会いや交際時、または結婚後の会話を想定したものですが、ビジネスシーンや社交などにおける男女間の会話にも応用可能です

男女の会話がすれ違ってしまう理由

「男性の脳」と「女性の脳」は異なる？

男は決断し、女は協調する

一般的に、男性の脳は論理的な思考力が高く、決断力に優れていると言われています。

一方、女性の脳は相手の気持ちを察したり、感情を読み取ったりする能力が高く、協調性に優れていると言われています。

このように、もともと男女の脳の特徴が異なるのであれば、男女の間で話がかみ合わないことがあるのは当然のことです。

1
ただいま～
お隣の内田さんち今度引っ越すんだって
あ、おかえり
へぇ～
2
旦那さんが栄転して神戸に行くんだって
ふ～～ん
3
しかも芦屋の高級住宅地ですって。うらやましいわ～
この話の結論はなんだろう…
ハ～…
4
男性は結論のない会話が苦手
女性は話すことを楽しみたい
脳に性差があるという説に関しては、懐疑的な専門家もいます

▶「男性の脳」と「女性の脳」のイメージ

男性の脳の特徴
数値化が得意
比較を好む
論理や結果を重視
客観的
変化に気づきにくい（鈍感）
女性の脳の特徴
イメージするのが得意
共感したい
プロセスを重視
主観的
変化によく気づく（敏感）
122ページのマンガ同様、脳に性差があるという説はあくまでも一般論です

女性は共感してほしい

女性は、自分の話を聞いてほしい、共感してほしいという欲求が、男性より強いと考えられています。女性がパートナーの男性に相談する場合、単純に共感してほしいのであって、解決策やヒントがほしいわけではないことがほとんどです。なので、男性の側は結論を急ぐのではなく、まずはしっかりと相手の話を聞き、「そうだね」「わかるよ」と共感を示すことが大切です。

一方、**男性は話の内容に「情報交換」や「情報の共有」などを求める傾向にあります**。そのため、女性側は、その男性の興味ある内容を会話のテーマにすると、会話が盛り上がります。

感謝や謝罪の言葉を伝えよう

夫婦関係となると、お互いに「家族」「身内」といった意識から、ついつい無遠慮な話しかたをしてしまいがちです。しかし、夫婦とはいえもともとは他人。会話においても、お互いへの敬意ややさしさを忘れてしまうと、結婚生活は長続きしません。

そもそも会話が少ないという場合は、**まずは「ありがとう」「ごめんね」といった感謝や謝罪の言葉をきちんと伝えるようにしましょう。**ふだんからちょっとしたことで感謝の気持ちを伝えていれば、相手も「もっと喜ぶことをしてあげよう」という気持ちになり、信頼関係も深まります。

1
とくに共働きの夫婦の場合は、どちらも忙しくてストレスがたまりがち
朝はとにかく忙しい！
お〜よしよし
オギャー
せっせ
せっせ
2
どちらかに家事や育児の負担が多くなると相手のストレスもたまります
行ってきま〜す
キ〜ッ なんで私ばっかり！
3
どちらかの負担が重くならないように心がけることも大切ですが
ただいま〜
オギャ
おかえり〜 晩ごはんちょっと待って
あっ おむつ替えるね
4
感謝や謝罪の言葉も大切です
今日は保育園に迎えに行けなくてごめんね。いつもありがとう
なんだか疲れた…
しくしく しくしく
パァァァァ

離婚する夫婦の会話の特徴
保身(自己弁護)
あれはオレが悪いんじゃない！
ムッ
非難(批判)
あなたはいつもそうじゃない！
ムッ
逃避(相手に壁をつくる)
どうせ言ってもムダ…
はーッ
軽蔑(侮辱)
そんなこともわからないの？
ムッ

「離婚する夫婦」の会話の特徴

心理学者のジョン・ゴットマンによる調査の結果、離婚する夫婦の会話には「非難（批判）」「軽蔑（侮辱）」「保身（自己弁護）」「逃避（相手に壁をつくる）」という4つの特徴があることがわかりました。

こうした会話を避けるには、夫婦間の会話では「あなたはどうして、いつも私の話を聞いてくれないの」などとネガティブに話すのではなく、「あなたに話を聞いてもらえると、私は安心できる」などとポジティブに言いかえましょう。ゴットマンはこれを「穏やかなスタートアップ（Gentle Start-up）」と呼んでいます。

まだお互いのことをあまり知らない時は……

は女性から男性への伝えかたの例です

私、〇〇の大ファンなんです！ではなく〇〇はお好きですか？

自分の話より、お互いを知るための会話をしよう

出会ったばかりの異性との会話で、「私、〇〇の大ファンなんです」と、自分の〝推し〟の話ばかりをするのは控えるべき。この段階で必要なのは「お互いの理解を深める」ことであり、自分が好きなものを伝えたり、二人とは直接関係のない第三者の話で盛り上がったりすることではありません。ただし、あなたが「〇〇はお好きですか？」と聞いて、相手も同じもの（人）が好きだったという場合は、あなたの好きなもの（人）や趣味の話が〝お互いを知るための会話〟になる可能性も。ただし、この方法でうまくいくのは運がいい時だけ。**まずはお互いを知ることのできる会話を心がけましょう。**

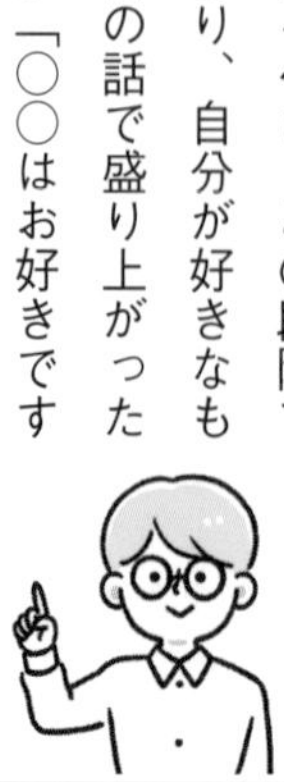

POINT

男女の距離を近づけるのは
お互いを知るための会話

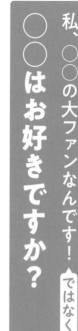

女性との会話を盛り上げたい時は……

今、仕事で大きなプロジェクトを任されていて ではなく

どんなお仕事をされているのですか？

（男性のアイコン→女性のアイコン）は男性から女性への伝えかたの例です

自慢話は控えて、聞き役にまわったほうが好印象

お近づきになりたいと思っている女性と会話をする際、男性が陥りがちな誤りが〝果てしない自慢話〟です。「今、仕事で大きなプロジェクトを任されていて」「学生時代はアメフト部でクォーターバックでした」など自分をよく見せたいばかりに次々と自慢話を繰り出す姿は、それが事実だとしても「余裕がない」「幼稚」といった印象を与えます。

女性の多くは、余裕があって懐の深い男性に惹かれるものです。**まずは聞き役にまわり、会話が途切れたらさりげなく話をふる……**くらいの意識でいたほうが、あなたへの好感度は上がります。

**ほとんどの女性は
話を聞いてくれる男性を好む**

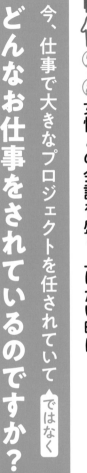

知っている話を男性が得意げに話している時は……

「それ知ってる！」ではなく「へえ、面白そう」

知らないふりで相手を立てる

知っていることを「それ知ってる！」と言うこと自体は悪くありませんが、男性の心を引きつけるテクニックとして〝知らないふり〟をしてあげるのも一つの方法です。

男性は見栄っ張りな人が多いので、自分の得意分野の話をしたがるもの。そんな時、女性の側が〝知っている話〟だと伝えてしまうと、しらけてしまうことも。そんな時は「そんなことを知っているなんて、すごい」「へえ、面白そう」などと知らないふりをして相手を立ててあげると、男性は気持ちよく話し続けることができ、会話も盛り上がります。

POINT

男性は見栄っ張りで単純
ほどよく立てれば上機嫌に

好意を感じている女性にメールを送りたい……

今、何してるの？ではなく 今日は暑かったね！体調は大丈夫？

女性の〝警戒心〟を呼び起こすような質問はNG

交際前の段階では、女性は男性が考えている以上に〝警戒心〟を抱いています。男性からしてみれば、メールやSNSで「今、何してるの？」と女性にたずねるのは挨拶程度の気持ちかもしれません。しかし、女性からすると**「つきあってもいないのに、今、何をしているか聞かれるなんてキモい！というか怖い!!」**という気持ちになってしまうことも。女性の側に好意があれば、そこまで極端な反応にはならないでしょうが、気をつけておくに越したことはありません。こんな場合は「今日は暑かったね！体調は大丈夫？」などと、あたりさわりのない質問から入ったほうが賢明です。

POINT

交際前の段階での
なれなれしい質問はNG

14 たくさん会うとだんだん好きになる

keyword ザイオンス効果（単純接触効果）

気軽にトライできるテクニック

人は何度も見た相手やものに対して、無意識のうちに好感を持つようになる心理的傾向があります。これを「ザイオンス効果」と言います。

人は見ず知らずの相手に対しては警戒心を抱くもの。出会っていきなり好意を抱くなんてことはそう多くはありません。しかしザイオンス効果のテクニックを用いると、**好きな相手の視界に入る場所や、同じ空間にいるように心がけるだけで、相手はあなたに好感**

1
1日目
あら、イケメン
毎日この時間に散歩しよう
2
4日目
あっ こっちを見ている
3
8日目
今日は ニコニコして こっちを見ている
ニコッ
4
10日目
本当にかわいい ワンちゃんですね
そっちかい！

を持ちやすくなります。

ザイオンス効果の最大の利点は、誰でも手軽にトライしやすいことです。話したことがない相手であったとしても、相手の行動パターンに合わせて視界に入る回数を増やせばいいだけなので、勇気もいらず極めて簡単です。

ちなみに、このザイオンス効果は、長時間一緒にいるよりも、短時間で回数を重ねたほうが効果的と言われています。

また、人には単純に接触するだけでなく、対象のことを知れば知るほど好感度が上がるという心理的傾向もあります。そのため、好きな異性と頻繁に連絡をとってなるべく会う回数を増やすと、恋が成就しやすくなります。

▼ザイオンス効果のデメリット

ザイオンス効果を提唱した心理学者ロバート・ザイオンスによると、「相手に接触する回数は10回程度が限度で、10回以上の接触があっても、そこまで好感度は上昇しない」とのこと。

あまりに接触する機会が多いと、新鮮味がなくなったり、希少価値が下がったように感じたりするので、注意が必要です。

11日目
このイケメン見慣れてきたな…
コンニチワー
ドモー
5
20日目
最初の10日はまったく興味なかったんかい！
今度、お食事でもどうですか？
WOW
6

男性の間違いを指摘したい時は……

「それ、間違っているよ」ではなく「そういう場合もあるけど、今回は違うかも」

面倒だけれども、大らかな気持ちで接してあげよう

男性はプライドが高い人が多いので、自分の意見が真っ向から否定されると傷ついてしまいます。女性の場合、自分の意見が否定されても「あなたはそう思うのね」と大らかに解釈できる場合が多いのですが、**男性は一人に否定されただけで「みんなに否定された」と感じてしまう**のです。なので、会話の途中で男性の意見が間違っていると感じても、女性は「そういう場合もあるけど、今回は違うかも」「それも一つの考えかただけど、私の意見としては……」などと、一度受け入れてから自分の意見を言うようにしましょう。面倒かもしれませんが、おおらかな気持ちが大切です。

プライドが高い男性は
否定されるとすぐに傷つく

女性に相談されたが、話の要点がわからない時は……

つまり、何が言いたいの？　ではなく

それは大変だったね

急いで結論を求めず、まずは共感の言葉を伝える

男性は目的のために会話し、女性は共感のために会話すると言われています。また、かつて男性は効率的に獲物を狩るために論理的になり、女性は共同体の中の協調を保つために感情的になったとも言われています。男女の会話がすれ違う原因は、この価値観の違いにあります。多くの場合、男性は結論を出すために会話をします。一方、女性は会話自体が目的なのです。そのため、女性は会話の途中で「つまり、何が言いたいの？」と結論を急がされるとイラッとするのです。女性に相談された時は、男性は**急いで結論を求めず**、「それは大変だったね」などと、**まずは共感の言葉を伝えましょう**。

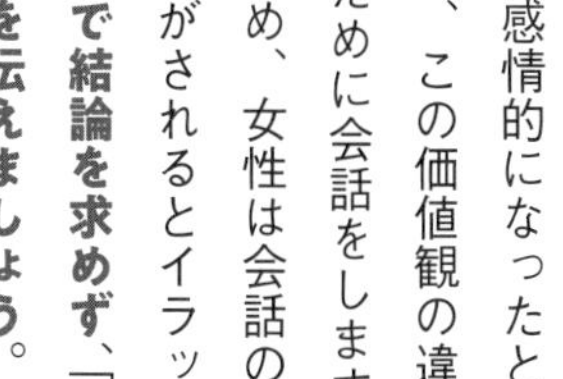

女性と会話する時は
結論を急がず話を聞く

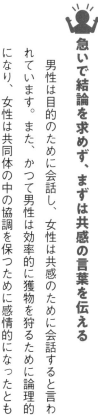

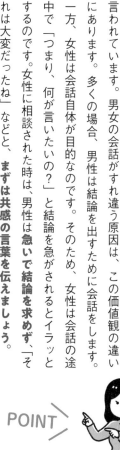

出身地を聞かれた時は……

どこだと思います？ ではなく 愛知県です

どうでもいい質問への〝質問返し〟はうっとうしい

血液型をたずねられた女性がもったいぶって「え〜、何型だと思う？」という返しがウザい……なんて話を聞いて、「あるある」とうなずいた男性は多いはず。多くの男性は「一言〝A型〟と答えればその先に話題が進むのに、なんでこんなつまらないことを引っ張るんだ？」とイライラしてしまうのです。女性としては「自分に興味を引きつけたい」という意識があるのかもしれませんが、**結論を急ぎたがる男性からしたらうっとうしいだけ**。年齢や体重ならまだしも、出身地や血液型などどうでもいいことは、さらりと答えたほうが男性との会話はスムーズに進みます。

どうでもいい質問には
もったいぶらずに答える

仕事でトラブルが発生し、約束をキャンセルした時は……

昨日、仕事でトラブルがあって……

ではなく

昨日は心配かけてごめん

キャンセルの理由を説明する前に、まずは丁寧に謝る

女性と食事の約束をしていたのに、仕事上でトラブルがあったのでキャンセルしなくてはならなくなった場合、多くの男性はまず「仕事でトラブルがあって」というように理由を説明して、女性に納得してもらおうとします。しかし、女性はキャンセルの理由より、自分が残念に感じた思いや心配したことなどを「心配かけてごめん」というように、フォローしてほしいのです。

男性からしてみれば「理由を説明すれば納得してくれるはず」と考えるのかもしれませんが、それは間違い。**まずは丁寧に謝りましょう。**理由を説明するのは、そのあとです。

**まずは女性の気持ちに寄り添う。
理由の説明はそのあと**

15

keyword 吊橋効果と暗闇効果

ドキドキすると恋に落ちる……は本当!?

そのドキドキ、勘違いかも!?

恋愛に関連した心理テクニックとしてもっとも有名なものといえば「錯誤帰属」です……といってもピンとこない人が多いかもしれませんが、いわゆる**「吊橋効果」**のことです。

吊橋効果とは、吊橋の上にいる時など、不安や興奮でドキドキして心拍数が上がっている時に異性が近くにいると、そのドキドキを恋のドキドキと勘違いするという心理作用のこと。一般的には、人は心拍数が上がるとドーパ

1
そろ〜〜り
ドキドキ
ドキドキ
2
グワァァ
3
キャー！
ステキ♡
ドキドキ
4
キミもこの
お化け屋敷で
働く？
はい
ドキドキ

ミンが分泌されてドキドキすると言われており、恐怖や不安、緊張、興奮などの状況に対して、吊橋効果が起こりやすいと言われています。

一方、吊橋効果に似た効果に「暗闇効果」があります。これは、暗闇では多くの人が不安を感じ、誰かに寄り添いたいという欲求が高まるという心理作用のことです。さらに暗闇では、自分の外見に関する自信のなさも薄らぐため、開放的な気分になるとも言われています。

余談ですが、吊橋効果を発表した心理学者ダットンとアロンは、吊橋効果の実験結果として「容姿が劣る場合は、余計に恐怖心だけを倍増させた」と、情け容赦ない報告をしています。

▶「暗闇効果」の実験

アメリカの心理学者ケネス・J・ガーゲンは、男女それぞれ6人ずつのグループを「明るい部屋」と「暗い部屋」に入れ、コミュニケーションに変化があるかを調べました。この実験の結果は……

暗い部屋

- ▶話すことがなくなると席移動をはじめた
- ▶異性同士でペアになった
- ▶会話が個人的な内容のものになっていった
- ▶距離が近づき、抱き合うなどのスキンシップが行われた

明るい部屋

- ▶同性同士で固まりやすい
- ▶席移動はなかった
- ▶会話は込み入った内容ではない
- ▶1メートルほどの距離をお互いにとっていた

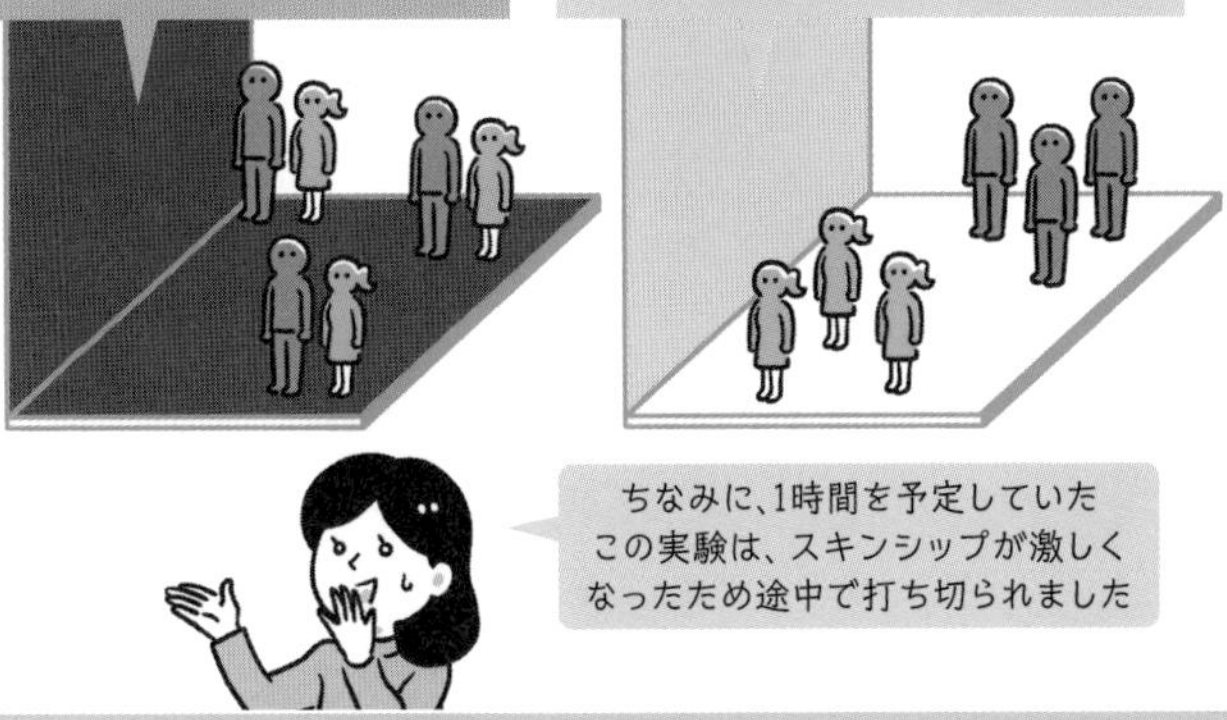
ちなみに、1時間を予定していたこの実験は、スキンシップが激しくなったため途中で打ち切られました

「何を食べようか？」と聞かれたら……

なんでもいい ではなく 今日は中華かイタリアンって気分かな

「選択肢を提示して、一緒に考えて、最後は男性が決める」がベスト

何を選ぶか、またはどうしたいか聞かれて「なんでもいい」と答えてしまう、という人は多いと思います。このように自分の意思を明確に示さない人は、女性に多いようです。しかも、「それじゃ、あそこのおそば屋さんにしようか？」と提案したら、「え〜、おそばって気分じゃない」なんて言われると、男性は内心「なんでもいいって言ったくせに」と腹を立てていることも。こんな時は「今日は中華かイタリアンって気分かな」などと選択肢を提示すると、二人で楽しく考えることができます。**理想は、「選択肢を提示して、一緒に考えて、最後は男性に決めさせてあげる」**です。

「なんでもいいよ」の連発は
男性をイライラさせる

旅行の目的地に到着した時は……

とりあえず着いたけど、どうしようか？ ではなく まずは旅館に荷物を預けようか？

女性との旅行で〝行き当たりばったり〟はNG

基本的に、「優柔不断な男性が好き」という女性はいません。女性が優柔不断でも、「自分に任せてくれているんだな」と感じる男性は一定数いますが、逆のパターンはまずありません。とくに旅先では、知らない土地にいるという緊張感もあるので、女性は男性のリードを期待します。それが海外旅行ならなおさらです。それなのに、到着するなり「どうしようか？」では、女性に「決めてなかったの？」と腹を立てられても仕方ありません。行き当たりばったりの旅も楽しいものですが、**せめて女性と一緒の旅行では、しっかりと計画を立てておきましょう。**

「優柔不断な男性が好き」
という女性はまずいない

男性（女性）に何かをお願いしたい時は……

男（女）なんだから ではなく 力持ち（料理が上手）だから

性別で決めつけるのはNG

「男（女）なんだから」「男（女）のくせに」といった性別で決めつけるような言いかたは、一般的な男女間の会話だけでなく、ビジネスや育児・教育などあらゆるシーンでNGです。とはいえ、世の中には男性のほうが得意な人が多い作業や、女性のほうがたしなみのある人が多い仕事などの傾向は確かにあります。そうしたことをお願いしたい場合は、「男だから」「女だから」ではなく、「○○くんのほうが力持ちだし」「○○さんのほうが料理が上手だと思うから」と、**あくまでも個人の得意分野を理由としてお願いしたほうが、男女ともに納得しやすくなります。**

性別を理由とした決めつけは
あらゆるシーンでNG

16

keyword SVR理論

「出会い」から「結婚」までの3段階

外見より中身が大切！

「SVR理論」とは、**男女の関係は出会い、恋愛、結婚の3段階に分けられ、各段階で重視されるものが変わる**というもの。この理論によると、外見などの表面的な部分の重要度は男女の関係が深まるにつれて下がり、恋愛中期にはお互いの価値観が、結婚期にはお互いの役割が重視されるようになります。恋愛を長続きさせるためには外見よりも中身が、そしてお互いの関係を深める会話が大切なのです。

出会い
【刺激段階(Stimulus)】

出会いから恋愛初期の段階。外見や性格、社会評価などから刺激を受ける

恋愛
【価値段階(Value)】

恋愛中期の段階。お互いの価値観の類似性、趣味の共有、共感などが重視される

結婚
【役割段階(Role)】

結婚や共同生活をはじめる時期。お互いの役割の理解、苦手な部分の補完などが重要

夫がなかなか家事をしてくれない時は……

なんでおむつ替えてくれないの？ 洗濯物も出しっぱなしじゃん！

ではなく

おむつ替えてくれる？ そのあと洗濯物も入れて、たたんでおいて

男性は「同時進行」よりも「一球入魂」が得意

総じて男性は、女性と比べると同時進行が苦手です。これははるか昔、男性は狩猟など役割が単純だったのに対し、女性は子育てや食料探し、料理、衣類づくりなど、いくつもの作業を同時に行わなければならなかったことの名残とも言われています。つまり、**男性は「同時進行」よりも「一球入魂」が得意**ということです。そのため、女性が男性に家事をお願いする場合は「なんでやって（気づいて）くれないの？」とイラつくのではなく、男性の一球入魂型の性格を活かして、「まずはこれをやって。次はあれをやって」と、タスクやその順番を明確にしてあげると、夫の稼働率が上がります。

夫に家事の同時進行を期待するのはやめよう

妻の家事負担を減らしたい時は……

お皿洗うの、手伝おうか？

ではなく

お皿洗っといたよ。掃除機もかけておくね

共働き夫婦の夫にとって、家事は〝手伝う〟ものではない

もはや「男は外で仕事、女は家で家事と子育て」という時代ではありません。とはいえ、日本ではまだまだ「女性は家事を担うもの」という思い込みが根強く残っています。そのため、男性は家事を〝手伝う〟という意識になりがちです。しかし、外で仕事もしている女性からすれば**「はぁ!? 〝手伝う〟とはなんだ！ 自分ごととして考えろ!!」**となってしまいます。考えてみてください、もしあなたに入社数年目の部下がいたとして、「やることないんで、仕事を手伝います」と言われたら、「もう新人じゃないんだから、自分で動け」と言いたくなるはず。つまり、そういうことなのです。

「手伝う」という言いかたは
家事を自分ごとと考えていない証拠

夫の態度ややりかたが気に食わない時は……

本当にやめて！ この間だって……
ではなく
それはやめたほうがいいと思う（理由を続ける）

過去のことを掘り返しても男性はピンとこない

男性は、怒ったとしても一度気がすめば忘れる傾向にあります。一方、女性は過去のできごとや、それにともなう怒りが忘れられず、ため込んでしまいます。そのため、女性が怒った時は「本当にやめて！ この間だって……」と、過去のことを持ち出しがちです。しかし、そんなふうに言われたら男性は「もうすんだ話なのに、なんで今さら？」と反発するだけです。もし、夫の態度ややりかたにカチンとくることがあっても、**過去の記憶はなるべく封印して**「それはやめたほうがいいと思う」と、**冷静に伝えましょう**。そのあとに理由を説明すれば、男性は素直に耳を傾けるはずです。

「この間だって」は封印し
ちゃんと理由を説明する

休日に突然、仕事が入ってしまった時は……

仕事なんだから、しょうがないだろ ではなく

ごめん！ どうしても外せない仕事が入っちゃって

まずは謝って、そのあとに理由を伝えよう

高度経済成長期には「仕事は何よりも優先」という意識は共有されていました。しかし、今はワーク・ライフ・バランスの時代。「仕事なんだから、しょうがないだろ」と言っても納得しないどころか、「あなたの仕事の仕方が悪いのでは」と考える女性も。

とはいえ、仕事には責任がともなうもの。妻の反発が怖くても、時間外に働かざるを得ない場合もあるでしょう。そんな時は「ごめん」と**まずは謝りましょう**。そのあとで、どうしても外せない仕事が入ったことを説明すれば、妻も「また休日出勤!?」などと嫌味を言うことはないはずです。

POINT

もはや「仕事は何よりも優先」という時代ではない

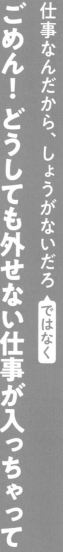

17

keyword レポートトークとラポールトーク

男性に多い話しかた、女性に多い話しかた

男は情報を、女は共感を求める

男女の話しかたの違いは、それぞれ「レポートトーク」と「ラポールトーク」に分類されると言われています。

レポートトークとは、事実をレポートするように情報を伝えようとする話法で、男性に多く見られる話しかた。一方、ラポールトークは、共感や心のつながりを重視する話法で、女性に多い話しかたとされます。

この2つの話法の違いを意識すると、男女間や夫婦間の会話のすれ違いを少

▶「レポートトーク」と「ラポールトーク」の特徴

レポートトーク
事実や情報を、論理立てて客観的に相手に伝える話しかた。自分が伝えたい情報がそのまま相手に伝わるよう、正確性を重視して伝える

ラポールトーク
自分自身の感情や心の動きを伝え、相手に共感させる話しかた。相手の共感を引き出すことで、信頼関係を築くことを重視して伝える

正確かつ客観的に伝え、解決策をいち早く見いだそう
正確さよりも、自分がどう感じたか。それを相手にもわかってほしい

なくすることができます。

たとえば、女性が「買い物に行ったら荷物が重くって」と言い、男性が「だったらタクシー使いなよ」と返事したとします。しかしこの場合、女性が言いたかったのは「荷物が重くて大変だった」ということで、それを共感してほしいということなのです。なので、こうした場合、男性は「それは大変だったね」とまずは共感を示し、そのあとで「次からはタクシー使ってもいいと思うよ」などと伝えましょう。

また、女性の側も「大変だったの」といきなり共感を求めるのではなく、「荷物が重い時はタクシー使ってい い？」といった形で相談すれば、夫も快く会話に応じてくれるはずです。

話を聞いてほしいだけなのに…
話が長いな…言いたいこともよくわからないし
女性は共感してほしい
男性はすぐに解決を求める
「ラポール」はフランス語で「心が通い合う関係」という意味
「ラポールトーク」も使いこなせる男性はモテるとの説も…

連絡もなく、夫が深夜に帰宅した時は……

遅くなるなら電話してよ！　ではなく

遅くなる時は、電話してくれるとうれしい

問い詰めるのではなく、困った（心配した）ことを伝えよう

家で食事をつくって待っていたのに、夫が連絡もなく遅く帰宅したら怒りたくなるのは当然です。でも、夫が帰るなり「遅くなるなら電話してよ！」「なんで電話してくれないの？」などと問い詰めてしまうと、口では「ごめん」と言ったとしても、内心では「ただでさえ仕事で疲れているのに、ちょっと遅くなったくらいでなんだよ」とすねるだけ。こんな時はカリカリせずに「遅くなる時は、電話してくれるとうれしいわ」と、電話がなくて困った（心配した）ということを伝えましょう。そうすれば、**夫も責められているとは感じないので、妻の気持ちを受け入れやすくなります。**

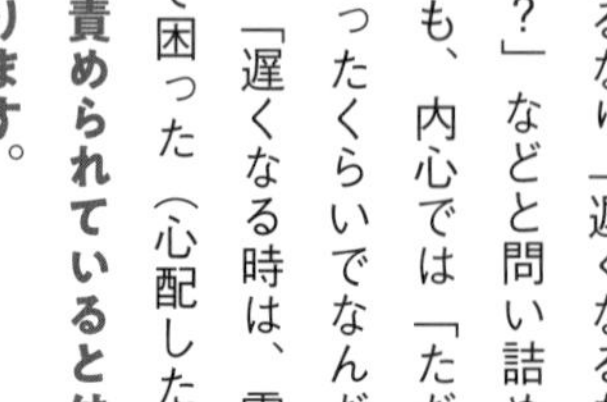

問い詰めるよりも
自分の気持ちを素直に伝える

妻の帰宅がいつもより遅かった時は……

なんでこんなに遅くなったの？
ではなく
帰りが遅いから心配したよ

相手を責めずに、自分の気持ちを素直に伝える

前のページと男女が逆になったパターンですが、こうした場合も「なんでこんなに遅くなったの？」と相手を問い詰めるよりは、「帰りが遅いから心配したよ」と自分の気持ちを伝えたほうが、ケンカになりにくいものです。基本的には、相手に非があると感じたことをそのまま指摘する場合は「私は心配した」「私は○○と思った」などと**自分を軸（Iメッセージ）にして気持ちや思ったことを告げましょう**。一方、相手をほめる時には「あなたはすばらしい」「あなたのこういうところが好き」などと相手を軸（YOUメッセージ）にして伝えると、より自分の気持ちが伝わりやすくなります。

意見する時は「私」を軸に
ほめる時は「相手」を軸に

夫をふがいないと感じてしまった時は……

ほんと気が弱いんだから ではなく ほんと慎重なんだから

否定的な表現は、肯定的な表現に変換する

交際前や結婚前の男性に対して、そうした部分を直してほしいという気持ちも込めて「気が弱いんだから」とストレートに訴えてみるのはアリかもしれません。しかし、すでに夫になった男性に対して同じ物言いをするのは、あまりにもむごいです。ましてや、このような言いかたを子どもの前でして、「お父さんって頼りないんだ……」と子どもに思わせるのは、教育上もよくありません。とはいえ、黙っていてはストレスがたまってしょうがない、なんてこともあると思います。そうした時は、せめて「気が弱い」といった否定的な言葉を、「慎重」などと**肯定的な言葉に言いかえてみましょう。**

否定的な言葉は
肯定的な言葉に言いかえよう

妻が見慣れない服を着ていた時は……

いつ買ったの？ではなく似合っているね

妻が見慣れない服を着ていたら、センスをほめよう

妻が新しい服を着ていることに気づいた夫が、「いつ買ったの？」と聞いたとします。夫は悪気なく、単純に疑問に思ったことを聞いただけなのでしょう。しかし、うっかりこんな質問をしてしまうと、妻は「オレに黙って、いつの間にそんな高そうな服買ったの？」と責められているように感じてしまうことも。そんな時は、夫は買った時期や値段を聞いたりするのではなく、「似合っているね」と**妻のセンスをさりげなくほめましょう**。また、妻の側も「それいくら？」などと聞かれても、「責められている」などと思って過剰に身構えず、素直に答えたほうがお互い気持ちよく会話ができます。

女性へは「共感」を伝えたほうが
スムーズに会話が進む

夫の言いかたが気に食わない時は……

何よ、その言いかた！ ではなく （笑顔で）今の言いかた、ムカつくんですけど

ストレートに怒るより、冗談めかして伝えよう

妻からすれば、夫のささいな一言がどうしても許せない……なんてこともあるでしょう。しかし、これまで解説してきたとおり、男女には根本的に感じかたや考えかたに異なる部分があります。いちいち目くじらを立てていたら、ケンカが絶えないなんてことに。とはいえ、我慢ばかりではストレスもたまります。なので、もし夫にイラッとするようなことを言われた時は、**ちょっと冗談めかして**「今の言いかた、ムカつくんですけど」と**笑顔で伝えてみましょう**。妻としては、「冗談めかすことで伝えやすくなりますし、夫としても「今の言いかた、悪かったかな」と素直に反省することができます。

冗談めかして伝えれば
夫婦の会話がギスギスしない

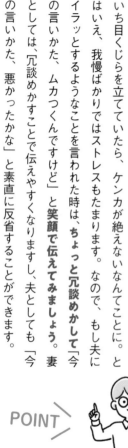

「どうしたらいいと思う？」と妻に相談された時は……

好きにしなよ ではなく どうしたいと思っている？

まずは妻の気持ちをじっくりと聞く姿勢が大切

妻から「どうしたらいいと思う？」と聞かれて、「好きにしなよ」と答えたことがあるという既婚男性は多いのでは？　しかし、女性が相談相手に望むのは「一緒に共感して、考える」ことであり、「任せてもらいたい」わけではありません。そのため、「好きにしなよ」と言われた女性は、相手に対して「自分に関心がない」「話を聞いてくれない」と感じてしまいます。もし妻から相談を受けた場合は、「好きにしなよ」と投げ出したり、「こうしなよ」と決めつけたりするのではなく、「どうしたいと思っているの？」と、**まずは妻の気持ちをじっくりと聞き、そのうえで話を進めましょう。**

妻の相談に対して「投げ出す」「決めつける」は厳禁

18

keyword テンション・リダクション効果

緊張が解けると、心が無防備になる

悪用はしないように……

「テンション」は緊張を意味し、「リダクション」は減少や消滅を意味します。つまり、「テンション・リダクション」とは「緊張の糸が切れた状態」を指します。

緊張の糸が切れた時、人は心理的に無防備な状態となります。そのため、人からの要望を受け入れやすくなるのです。たとえば、高価な服を購入して緊張が解けたあとに、「インナーはこちらが似合いますよ」などと店員さん

1
ある日、僕は大失恋を経験しました
しくしく…
しくしく…
トボトボ…
2
街を歩いている僕に声をかけてきた女性。僕は、失恋したばかりなので…
あっあの…
3
でも、街中で女性からナンパされるなんてはじめての経験！
もしよろしければ…
お食事くらいならいいですよ…
ドキ
ドキ
ドキ
4
結婚相談所の勧誘でした…
お待ちしております！
入会した
トボ
トボ
トボ

から勧められるとついつい〝ついで買い〟してしまうのも、テンション・リダクション効果の一例です。

男女の関係の場合は、好きな人に振られた直後は緊張の糸が切れた状態（心に隙ができた無防備な状態）になるため、そのタイミングでデートに誘われたり告白されたりすると、相手の要望を受け入れやすくなります。

この心理作用は、夫や妻にお願いをする時にも使えます。たとえば相手の体をマッサージしながら、または相手がお風呂上がりにお酒を飲んでいる時などに「実はほしいものがあって」とおねだりすると、「いいんじゃない？」などと肯定的な返事を引き出せる可能性が高まります。

テンション・リダクション効果で浮気が見抜ける!?
1
まずは相手を緊張させる
ちょっと、聞きたいことがあるんだけど…
えっ、何？
ドキ
ドキ
2
会話を打ち切って緊張を解く
そっか、安心した！
ユキのこと裏切るわけないだろ
3
相手が安心(油断)したところで質問
ところで、この写真の女、誰？
…
アッ
4
反応を見る
じーー
ていうか隣に写ってる男オレにソックリだな
ハハハ…ハハハ…
しどろもどろであれば怪しい
男性諸君は気をつけよう！

大和言葉で柔らかさや女性らしさを演出

大和言葉は日本人が古くから培い、伝えてきた表現です。社交においても、ビジネスにおいても、自然に大和言葉を使うことができると、教養の奥深さを感じさせる「知性」や、奥ゆかしい「品位」が印象づけられます。また、柔らかな印象が与えられるので女性らしさも演出することもできます。

▶少ない(わずかな)……

少し ではなく

いささか

ローンチしましたが、
いささか厳しい状況です

▶悪いことが重なった時に……

その上に(おまけに) ではなく

あまつさえ

自転車を盗まれ、
あまつさえケガをして…

▶お互い譲り合って解決……

妥協する ではなく

折り合う

先方と折り合いを
つけてきました

▶周囲がうるさい……

さわがしい ではなく

かまびすしい

この居酒屋、
かまびすしいですね…

▶ニュアンスを伝えたい……

なんとなく(どことなく) ではなく

そこはかとなく

そこはかとなく
上品な香りが…

▶数が多い……

たくさん ではなく

あまた

彼はあまたの困難を
乗り越えてきた

▶「この上なく」と伝えたい……

めちゃくちゃ 〈ではなく〉

こよなく

彼は一人旅を
こよなく愛していた

▶あの人はすごい……

達人（名人）〈ではなく〉

手《て》練《だ》れ

うむ。彼ほどの
手練れは貴重だ…

▶「これはひどい」と思ったら……

全然ダメ 〈ではなく〉

もってのほか

無断で帰るとは
もってのほかです

▶美しくしなやか……

上品（優美）〈ではなく〉

たおやか

たおやかなしぐさに
見惚れてしまいました

▶コツコツと進めます……

サボらずに 〈ではなく〉

倦《う》まず弛《たゆ》まず

倦まず弛まず
精進して参りました

▶ほかに最善の方法がない……

そうするほかなく 〈ではなく〉

やむなく

豪雨のため
やむなく中止に…

▶ぜひ、やらせてください……

喜んでやります 〈ではなく〉

やぶさかでないです

協力するに
やぶさかでないです

▶間を取り持つ時は……

仲裁する 〈ではなく〉

とりなす

今回の件、部長に
おとりなし願えませんか？

▶ほかに方法が見つからない…

どうしようもない（ことに）〈ではなく〉

いかんせん

いかんせん
人手が足りなくて…

▶ついつい注意が散漫に……

集中できない 〈ではなく〉

気もそぞろな

気もそぞろな様子でしたが、
何かあったんですか？

Chapter 04

子育てにおいては、「子どもにとって何が一番か」を親と子が一緒に考えることが大切です。子どもは一つの人格であり、親の所有物ではありません。頭ごなしに命令したり、親の都合で操ろうとしたりすると、子どもの心に「自己肯定感」が育たず、そのまま成長すると「自信のない大人」になってしまう可能性も……。まわりから「親としてどう見られるか」を気にする前に、まずは「子どものために何ができるか」を最優先して考えましょう。

子育て・教育編

伝えかた、人に好かれるのはどっち？

子育てにおける「伝えかた」で多くの人が一番悩み、苦労するのが「ほめかた」と「しかりかた」。この章では、子育てに有効な心理テクニックも紹介します

「子どもにとって何が一番か」が大切

間違った「ほめかた」「しかりかた」に注意

まず育むべきは「自己肯定感」

「子どもはほめて育てる」とよく言いますが、実際に、子どもをほめることには多くのよい効果があることが実証されています。

子どもが成長していくうえで、まず育むべきなのが「自己肯定感」です。子どもは親からほめられると、「認めてもらえた」と感じ、うれしい気持ちになったり、もっとがんばろうという気持ちになったりします。そうすると、おのずと自己肯定感も高まります。

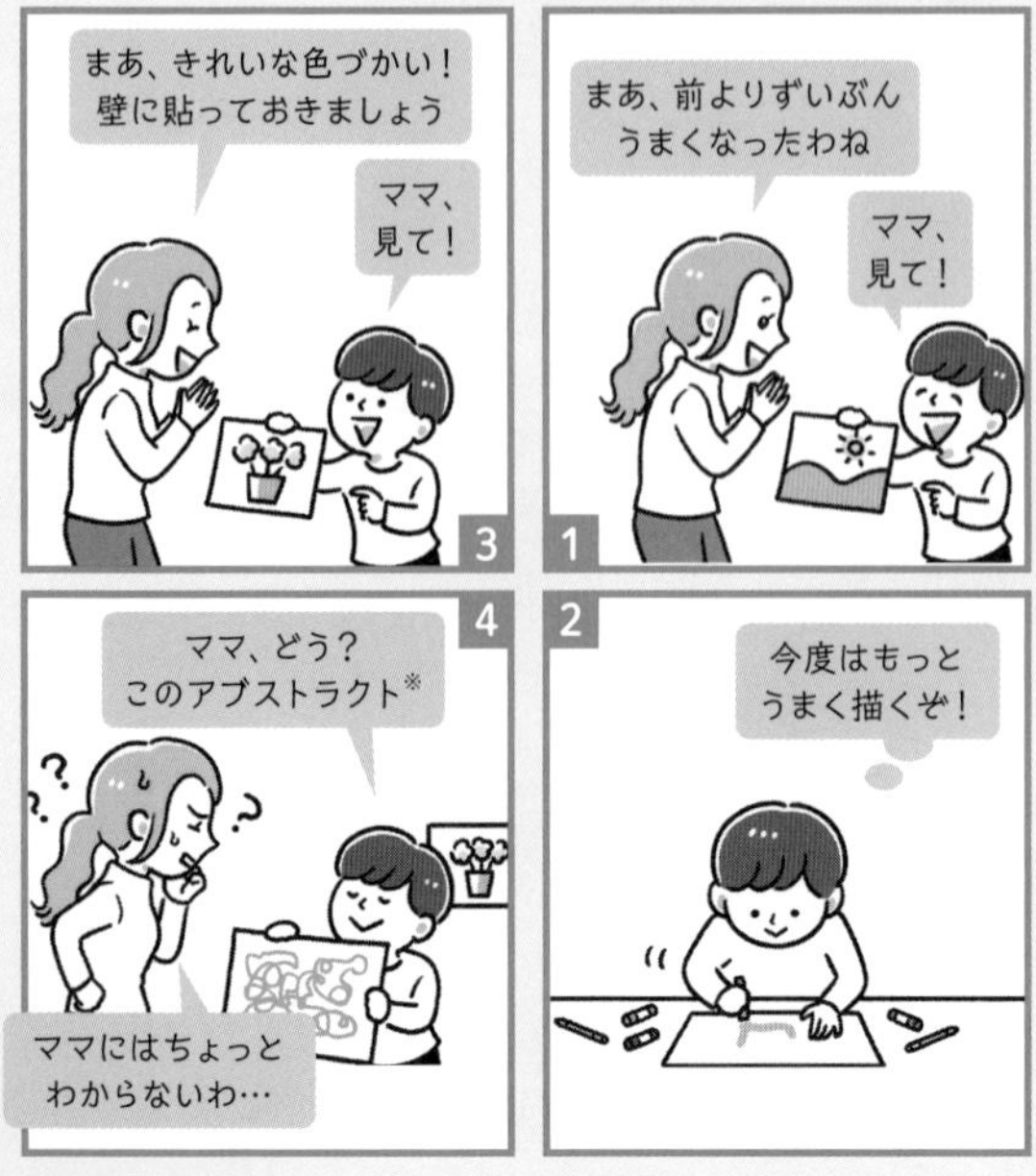

※アブストラクト…（abstract artの略）1910年頃より起こった芸術思潮。絵画等を制作する際、説明的要素を排し、純粋に造型要素としての線、面、色の配合によって構成するもの。抽象美術。（出典：「精選版 日本国語大辞典」）

成果や才能をほめるのはNG
1
頭がいいのね！
うん
スゴーイ
2
僕は頭がいいから勉強しなくても大丈夫
ボクはスゴイ
3
難しい問題はできないかもしれないから挑戦するのはやめよう
できないとほめてもらえないし
4
どうしよう。こんなテスト見せられない
僕は頭が悪いんだ…
とぼ
とぼ

「悪いほめかた」もある

子どもを育てるうえで「自己肯定感」と同じくらい大切なのが、「自主性」を育むことです。子どもがなかなか自分から動こうとしない場合は、小さなことでもほめるようにしていると、徐々に自主性がめばえていきます。

とはいえ、**すべてを手放しでほめていると悪影響になる場合もあります。**たとえば、「頭いいね」などと才能ばかりをほめられた子どもは自信過剰になり、努力をしなくなる場合も。また、努力の結果をほめられたわけではないので、ほめられないという理由で不機嫌になったり、不安になったりしてしまう可能性もあります。

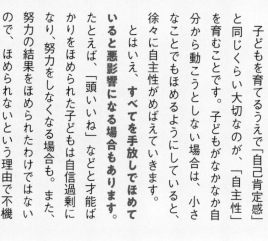

しかりかたにも注意が必要

子どもが悪いことをした時は、しっかりとしかることも大切です。とはいえ、ほめることと同様に、しかりかたにも注意が必要です。

絶対NGなのが、感情的になってどなったり、ほかの人と比べたり、人格を否定するようなしかりかたをすることです。こうしたしかりかたばかりしていると、子どもは萎縮してしまい、「自分はダメなんだ」と劣等感を抱いてしまう可能性もあります。

また、「それはダメ！」「違う！」「やめて！」といった頭ごなしの否定も、子どもに「自己否定感」を植えつけてしまう場合があります。

▶ こんな「しかりかた」はNG

感情的になってどなる
いいかげんにしろ！
ワァッ
ほかの子と比べる
お隣のミキちゃんはちゃんとできるのに、なんでできないの？
しゅん…
人格や能力を否定する
そんなこともわからないの？ほんとにどうしようもない子ね
しゅん…
子どもをしかる時、「否定形」と「命令形」の言葉はなるべく避けましょう

子どもを「親の都合」で操るのはNG

NG 怒りで子どもを操ろうとする
なんでこんなこともできないんだ！
しゅん…

NG 子どもの可能性を信じない
できっこないからやめなさい
ママ〜！あれやりたい!!

NG 結果ばかりにこだわる
テストで30点なんてお母さん恥ずかしいわ
しゅん…

親が子どもを操ろうとする根本原因は、親自身が「世間から見た親としての評価」を気にしすぎている場合がほとんど。親自身の体面よりも、「子どもにとって何が一番よいのか？」を最優先して考えましょう

子どもを操ろうとしない

子どもの行動や決断をうながす時には、「やりなさい！」「早くしなさい！」「これにしなさい！」などと、**一方的に命令するのは避けるべきです**。そんな時には「〇〇をやってみたら、どうなるかな？」「どっちがいいと思う？」とやさしく問いかけることで、子どもは自分で考え、行動することを学んでいきます。

親にとって都合がよいからと「えらい！」とほめ、都合の悪い時には「ダメ！」としかって、**子どもをコントロールしようとするのもNG**。常に子ども自身の思いや考えに寄り添って言葉を伝えるようにしましょう。

子どもが作品を見せてくれた時は……

えらい！ さすが○○ちゃんだね ではなく コツコツと丁寧にできたね

「人」をほめるのではなく、「プロセス」をほめる

子どもをほめる時にしてしまいがちな間違いが、「何をしたか」ではなく、「えらい！」「さすが！」などと曖昧にほめることです。子どもは、見た目や性格、外見など、具体的な行動とは別の部分ばかりほめられることに慣れてしまうと、それ以外のことに興味を持ったり、チャレンジしたりしなくなる可能性もあります。**子どもをほめる時には**、「コツコツと丁寧にできたね」などと、**具体的に「何を」「どのように」したからすごかったのか、プロセスに言及しながら伝えましょう**。そうすることで、子どもも「努力をすべきこと」がわかり、モチベーションも自然と上がります。

「○○ちゃんすごい」ではなく
がんばったことを具体的にほめる

スポーツをがんばった子どもをほめたい時は……

よくできたね ではなく

毎日たくさん練習していたもんね

がんばった部分やよくできた部分を具体的に伝えよう

子どもが何かの発表会やスポーツなどでがんばった時、「よくできたね」「よかったよ」などと声をかけることは自然ですし、悪いわけではありません。ですが、「毎日たくさん練習していたもんね」「あの部分が苦手だったのに、よくあんなにうまくできるようになったね」などと、**がんばった部分やよくできた部分をより具体的に伝えたほうが、子どもには「ちゃんと見ていてくれたんだ」という実感がわき、達成感も得られます**。「どこが一番うまくいったと思う？」「どこが大変だった？」などと、子どもにうまくできた部分や努力した部分をたずねるのもよいでしょう。

具体的にほめると、子どもには「見ていてくれた」という実感がわく

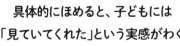

子どもが見せてくれた絵が力作だった時は……

すごい！上手だね ではなく 前より色づかいがきれいになったね

前より上手になった部分など、気づいた点を伝えてほめる

子どもにつくったものを何度も見せられて、ついつい「すごいね」「上手だね」などとおざなりにほめてしまった、という人も多いのでは？しかし、子どもにもそうした〝おざなりさ〟は伝わります。そんな返事が多くなってくると、せっかく興味を持って積極的に行っていたことも、つまらなく感じてしまうかもしれません。子どもが積極的に何かに熱中して、つくったものを見せてくれた時は、「前よりもずいぶん色づかいがきれいになったね」などと、**あなたが気づいた点を伝えるようにしましょう**。そうすることで、子どもはさらにものづくりを楽しむようになります。

POINT

おざなりな返事は
子どものやる気をそぐ

子どもが100点のテストを持って帰ってきた時は……

やっぱり頭がいいね　ではなく　毎日がんばっていたからね

“ほめかた”によっては逆効果になる場合も

子どもはしかるよりほめたほうが伸びるとよく言われますが、ほめかたによっては逆効果になることもあります。「頭がいいね」とほめられた子どもは、「自分は頭がいいから、勉強しなくても大丈夫」と自己過信し、勉強への興味が薄れてしまう場合も……。また、テストの点数ばかりほめていると、うまくいかなかった時に、反動で自己否定的になったり、失敗の言い訳ばかり考えたりするようになる可能性すらあります。勉強の成果をほめる時には、テストの点数ばかりにこだわらず、「毎日がんばっていたからね」などと、**それまでの過程や努力した点をほめてあげる**ようにしましょう。

POINT

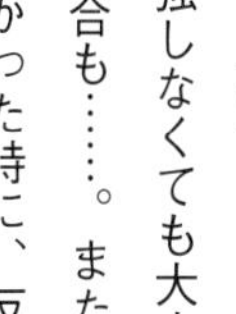

「結果」ばかりでなく
「過程」に目を向ける

19

keyword

レッテル効果（ラベリング効果）

人は貼られたレッテルどおりの行動をする

レッテルが子どもに与える影響

「レッテル効果」とは、レッテルを貼られた人が、そのレッテルのとおりに行動するようになる心理作用のこと。「レッテルを貼る」という言葉には否定的なニュアンスもあるので、「レッテル」という言葉にややネガティブな印象を持つ人がいるかもしれませんが、この場合の「レッテル」は、ポジティブな意味も含みます。

たとえば、「いつもがんばっているね」とほめていると、子どもは「自分

ある心理学者による実験
1
あるグループの子どもたちには…
ゴミを捨ててはいけません！
は――い
2
もう一つのグループの子どもたちには…
あなたたちはとてもきれい好きですね！
3
その結果…
「きれい好き」と言われた子どものグループのほうが教室をきれいにするようになったそうです
4
子どもにレッテルを貼ることで子どもは「そうするのが当然」という意識になり、習慣化する可能性が高まると言われています

はがんばればできるんだ」と思うようになります。反対に「本当になまけ者なんだから」とネガティブなことを伝えていると、「自分はなまけ者だから、努力することは不向き」と、最初からあきらめてしまう場合も。つまり、**本人の性格や資質とはかかわりなく、レッテルを貼られることで行動が変化してしまう可能性があるのです。**

レッテル効果は、間接的にほめるとさらに効果的です。たとえば、母親が子どもに「お父さんが、最近あなたのサッカーがうまくなったって言ってたよ」と、間接的にほめることで、子どもは二重にほめられている気分になり、よりうれしくなって「がんばろう」という気持ちになります。

▶ 子どもを育てる〝レッテルの貼りかた〟

いつも食器を片づけてくれてありがとう！
○ よいところ、できたことをほめる
食器も片づけられないの？
✕ 悪いところ、できないことは強調しない
食器を片づけてくれたらうれしいな。できる？
○ できそうなことを後押しする
食事つくってくれない？
✕ できないことをムリにやらせようとしない
子どもを信じてなるべく多くのよいレッテルを貼ることで子どもも自信がつくようになります！

お年寄りに席を譲った子どもをほめる時は……

やさしいね ではなく おばあちゃんも喜んでくれたね

具体的に「どういうところがよかったのか」をほめる

子どもが親切な行動をした際、「やさしいね」とほめること自体は悪くありません。しかし、それだけだと「ほめられる」ことが行動基準になったり、「ほめられるような行動をしないと」とプレッシャーになったりして、かえって悪影響になる場合も。なので、子どもが人にやさしい行動をとった時には、単に「やさしさ」をほめるのではなく、「おばあちゃんも喜んでくれたね」「あんなに困っていた友だちが、感謝してくれたね」などと、**具体的に「どういうところがよかったのか」をほめましょう**。そうすれば、子どもも「喜んでもらえてよかった」と素直に実感できます。

曖昧なほめかたは
子どもに悪影響をおよぼす場合も

お手伝いをしてくれた子どもをほめたい時は……

お手伝いをしてくれて、いい子ね ではなく お手伝いをしてくれて、ありがとう

「いい子」とほめるのではなく、感謝の気持ちを伝えよう

「いい子ね」と子どもをほめているという人は、多いかもしれません。しかし「いい子」という評価は、あくまでも〝ほかの子との比較〟であり、〝親にとって都合のよい子〟という意味になります。そのため、あまり「いい子」と言いすぎると、子どもは評価ばかり気にしたり、ほめられることを目的に行動したりするなど、悪影響をおよぼす可能性も。なので、子どもがよい行動をした時には、「お手伝いをしてくれて、ありがとう」「助かったわ」などと感謝の気持ちを伝えるようにすると、「お母さんのためになってよかった」と、**人の役に立つことを喜ぶ気持ちが芽生えます。**

〝ほめかた〟が悪影響をおよぼす可能性も……

運動会で子どもがクラスの友だちに勝った時は……

○○くんに勝つなんてすごいね ではなく 練習のおかげで勝てたね

子どもをほかの人と比較してほめるのはNG

「○○くんに勝つなんてすごいね」といった具合に、子どもをほかの人と比較してほめるのはNGです。なぜなら、ほめられる基準が〝ほかの子との比較〟なので、自分よりできない人をバカにするようになったり、ほかの子と比べて自分がうまくできなかった時に「自分はダメなんだ」と自己否定するようになったりする可能性があるからです。よくできたことをほめる時は「クラスで一番なんてすごいね」など結果ありきでほめるのではなく、「練習のおかげで勝てたね」「がんばったからだね」などと**努力の過程を評価すると、子どもは「次もがんばろう」という気持ちになれます。**

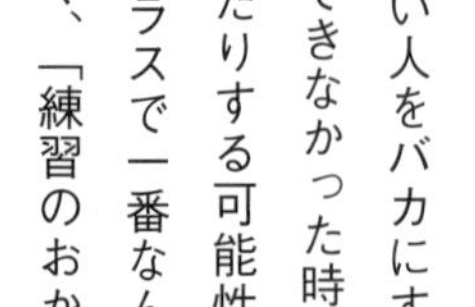

結果ありきでほめるのではなく
努力の過程をほめるようにしよう

20

keyword アンダーマイニング効果

ごほうびが子どものやる気を奪う!?

“ごほうび”の罠

「アンダーマイニング効果」とは、それまで自発的に行っていた行動に対して、**ごほうびなどの外発的動機が与えられることで、かえってやる気がそこなわれてしまう**心理作用のこと。

たとえば、もともと勉強好きな子に「100点を取ったらごほうびをあげる」と約束します。すると子どもは「好きだから勉強をする」という気持ちが薄れ、ごほうびがないとがんばらなくなってしまうという可能性も……。

1
本当に絵が上手ね!
2
そうだ、今度の絵画展で入賞できたらゲームを買ってあげる!
ホント!
3
1年後
ねえ、今年は入賞したら何くれる?
えっ
4
描くことが好きだったのに、ごほうびが目的になっちゃった…
アッ
何買ってもらおうかな〜〜ッ

子どもがしてほしくないことをした時は……

それはダメ！ではなく

やってみたかったんだね

頭ごなしの否定は子どもの好奇心をつぶす可能性も

親が頭ごなしに「ダメ！」と言っても、「なぜダメなのか」がわからないと、子どもは反発するだけです。そもそも、小さい子どもは「なぜダメなのか」の理屈がわからないので、否定するばかりでは、**せっかくの興味や好奇心をつぶしてしまう可能性もあります。**

もし、子どもが好ましくない行動をしたとしても、まずは「やってみたかったんだね」と肯定したうえで、「でも、危ないから」などと、してほしくない理由をわかりやすく伝えましょう。どうしても触られたくないものや危ないものについては、最初から子どもの手の届かないところに置いておきましょう。

せっかくの興味や好奇心を
「ダメ！」の一言でつぶさない

子どもが言うことを聞いてくれない時は……

言うとおりにしなさい ではなく

お母（父）さんはこう思うけど、〇〇ちゃんはどう思う？

過剰な押しつけは子どもの主体性や自主性をつぶす

親が過剰な押しつけばかりしていると、子どもの主体性や自主性は育ちません。もし、子どもが思いどおりに行動してくれないと思っても、「言うとおりにしなさい！」と押しつけるのではなく、「お母（父）さんはこう思うけど、〇〇ちゃんはどう思う？」と、まずは本人の考えを聞きましょう。そのうえで、「なるほど。お母（父）さんはこう考えるんだけど」と、一緒に考えることで、子どもも自分で考える力を身につけることができます。

子どもの主張を聞いたうえで、親の意見を伝え、一緒に考える。そして最後の決断は、子どもを信じて任せるようにしましょう。

子どもの主張を無視せずに
一緒に考え、決断は任せる

子どもが好ましくない行動をしていた時は……

なんて悪い子なの！ではなく それは消すのが大変だから、やめようね

「なぜ、悪いのか」を具体的に説明することが大切

「なんて悪い子なの！」というような曖昧な表現で、性格や能力など「本人の意思では変えられないもの」まで否定されると、子どもは自己肯定できなくなってしまい、好奇心や挑戦しようという意欲もなくしてしまいがちです。親が「悪い」と思う行動を子どもがとったとしても、頭ごなしにしかるのではなく、「壁に絵を描くと、消すのが大変なの」などと、まずは**その行動が「なぜ悪いのか」を具体的に説明しましょう**。そのうえで「紙に描くようにしようか」と代替案をやさしく示せば、子ども「絵を描くのはいいけど、壁に描いてはダメなんだ」と、理解できるようになります。

性格や能力、外見など
変えられないものでは怒らない

子どもがなかなか宿題をやろうとしない時は……

早く宿題をやりなさい! ではなく 宿題を一緒にやろうよ

頭ごなしの命令は、子どものやる気をそこなう

「やりなさい!」と頭ごなしにしかっても、子どもはやる気にならなければ行動を起こそうとはしません。まずは宿題をする時間を決めるなどの習慣化が大切ですが、**親が「一緒にやろうよ」とうながすのも効果的です**。小学校高学年ともなると、親と一緒に宿題をやるのは抵抗があるという子どもも増えてきます。そんな時には、「お父さんも家で仕事をするから、同時にはじめよう」などと誘ってみるのもよいでしょう。また、頭ごなしに命令するよりも、率直に「宿題をしてくれるとうれしいな」と気持ちを伝えたほうが、子どもも素直に「宿題をやろう」という気持ちになります。

「やりなさい!」よりも
「一緒にやろうよ」が効果的

21

keyword ブーメラン効果

人は押しつけられると反発を覚える

子どもの思いも受け入れよう

「ブーメラン効果」とは、**相手を説得しようとすればするほど、その相手は抵抗を覚え、逆の方向に意識を向けてしまう**心理作用のこと。

人は自分の自由を侵されると、抵抗したくなるものです。たとえば、親から「勉強しなさい！」「ゲームは1日30分まで！」「なんでいつも自分で起きられないの？」などと常に厳しく注意されていると、子どもはストレスやプレッシャーを感じて、親が望んでい

1
あー、今日は遊び疲れた
2
ただいま～
おかえり
夏休みの宿題は
どこまでできた？
にゃ
3
イヤなこと言うなぁ。
今日はのんびり
したいのに…
ムッ
にゃ～お
4
1時間後
夏休みの宿題
大丈夫なの！
もう3日しか
ないわよ！
これからやろうと
思ってたのに…
ムムム…

るのとは逆の考えや行動をするようになってしまう場合があるのです。

人は誰しも、自分の考えや行動を自由に選択したいと思っています。そのため、それが外部から脅かされると反発し、自由を取り戻そうと考えます。この状態を「心理的リアクタンス」と言います。

ブーメラン効果は、子どもの思いを無視して、親が一方的に説得しようとすることから発生します。

大事なのは、子どもの考えをよく知り、子どもの思いも受け入れること。そのうえで家族のみんなで話し合い、子どもの自発性も尊重しつつルールなどを決めれば、子どもも素直に聞き入れられるはずです。

宿題をしなさい！

ゲームをやめなさい！

片づけなさい！

勉強しなさい！

早く寝なさい！

常に命令していると、親の命令が行動の基準になり、指示されないと何もできないまま成長してしまう危険性も…

子どもでなくとも、人は命令口調で強制されると「自分のことを信頼してくれていない」と感じ、無意識に反発し、反抗するようになります
お互いの信頼関係が構築できていないと、「ブーメラン効果」はより強く働いてしまいます

してほしい行動が、なかなかできていない時は……

なんでできないの？ ではなく ～してほしいな

できるまで手伝うなど、子どもに寄り添うことも大切

子どもの健やかな成長のために大切なのが〝自信〟です。成長とともに少しずついろいろなことができるようになっていく過程で、「なんでそんなこともできないの？」と責められると、子どもは自信を失ってしまい、挑戦する気持ちや積極性もしぼんでしまいます。もし、親が思ったとおりに子どもができなかったとしても、できないことを責めるのではなく、「お皿を片づけてほしいな」というように、**まずは自分の気持ちを伝えましょう。**また、どうしても**子どもが苦手なことは、できるまで一緒に手伝う**など寄り添ってあげると、子どもは積極性を失わずに挑戦できるようになります。

健やかな成長のためにも
自信と積極性を育てよう

子どもがなかなか勉強をしようとしない時は……

勉強しなさい　ではなく　まだ勉強しなくていいの？

子どもが自分で考えるきっかけを与える言いかたが大切

人は誰でも、人に指図されると反発心を抱くもの。子どもだって一緒です。親から「勉強しなさい」と指図されると、子どもはそれがストレスになって、かえって勉強に集中できなくなってしまいます。なので、まずは「明日テストだったよね。まだ勉強しなくていいの？」「一緒にテスト範囲を復習しようか？」などと、**命令ではなく、子どもが自分で考えるきっかけを与えましょう**。親は子どもに対して「しかって従わせる」のではなく、「寄り添って支援する」姿勢が大切。また、ふだんから本を読むなど、「親が勉強している姿を見せる」のも効果的です。

「しかって従わせる」よりも「寄り添って支援する」

子どもが〝悪いこと〟をしてしまった時は……

そういうことをすると、みんなに嫌われるよ ではなく そういうことをされると、私は悲しい

「みんなに嫌われる」では、子どもの心に響かない

よく、親や先生が、「みんなに嫌われるよ」と言って子どもをしつけようとする場合があります。しかし、実際に「悪い」と思っているのは本人（親や先生）なのに、こういう言いかたをされると、子どもは不信感を抱いてしまいます。そもそも、本人（子ども）が「悪いことをした」と思っていたとしても、「みんなが」と言われてしまうと、誰に謝ればいいのかわかりません。このような場合は、子どもに注意や忠告をする人が「そういうことをされると、私は悲しい」と、**あくまでも自分自身の気持ちとして伝えたほうが、子どもの心にも伝わりやすくなります。**

自分が思っていることは
自分の気持ちとして伝える

keyword カリギュラ効果

禁止されると、かえって興味がわく

子どもに「ダメ！」は逆効果

人は何かを禁止されると好奇心がかき立てられ、かえって禁止されたものを知りたくなったり、やってみたくなったりします。これを「カリギュラ効果」と言います。みなさんも、大事な部分を伏せられると、かえって知りたくなる気持ちはわかるのではないでしょうか？ これは子どもも同じことです。**ふだんから「ダメ！」と禁止ばかりしていると、子どもはかえってやりたくなってしまうのです。**

ゲームしたいゲームしたいゲームしたいゲームしたいゲームしたいゲームしたいゲームしたいゲームしたいゲームしたい…

ゲームは絶対禁止！

NO!!

ヴ―――

カリギュラ効果という名称の由来は、1980年公開の映画『カリギュラ』。内容の過激さから上映禁止になり、かえって人々の関心を呼んだことにちなんでつけられました

Chapter 05

伝えかた、人に好かれるのはどっち？

自分自身へ

楽しく生きるためには、「自分を好きになること」が一番の近道。そのためには、自分を嫌いになるような言動はせず、自分らしくあることが大切です。最終章では、自分への「伝えかた」を学びましょう。

「自分を嫌い」な人は、自分にも人にもやさしくできない
自分を好きになると、人は輝きを増す

脳は「言葉」に影響される

人の脳は「思い」よりも「言葉や動作」をより強く記憶すると言われています。つまり、**いつもネガティブな言葉を使っていると、脳がそれを記憶して、自己肯定感が低くなってしまう**可能性があるのです。

「でも」「できない」や「忙しい」「疲れた」といった否定的な口癖が多いという人は、まずはそのことに気づいて、ポジティブな言葉に置きかえる練習をしましょう。

自分らしさを否定しない

「自分を好きになる」ためには、自分のダメな部分も含めた**「ありのままの自分」を受け入れる**必要があります。「自分らしさ」を否定せず、認めることが大切なのです。そのうえで、「だからこそ」とそのダメな部分でプラスの面を見つけたり、改善したりすることで、人は成長できるのです。

そのためには、まずは「自分のことが嫌いな理由」を知り、その理由と向き合うことからはじめましょう。

相手の言葉に対して、どんな言葉で返す？……

でも／だって ではなく そうだね／だから

「否定の言葉」を「肯定の言葉」に言いかえよう

相手の言葉を受けて否定するつもりはないのに、「でも、私の場合は～」「だって、この間も～」といった否定的な言葉を返していることはありませんか？ 相手を否定するつもりはなくても、「でも」「だって」と否定的な言葉で会話をつなぐと、言われた相手は「自分の言っていたことが否定された」と感じてしまいます。そんな場合は、「そうだね。私の場合は～」「だから、この間も～」などと**肯定の言葉に言いかえると、相手はイヤな気持ちにならず、会話もスムーズになります。**こうした言いかたは口癖のようなものなので、ふだんから意識しておくことが大切です。

「でも」「だって」は否定の言葉
無意識に使っていないか注意

この仕事、自分にできるかどうか不安という時は……

ムリです／できません　ではなく

やってみます

チャレンジする気持ちが、チャンスを広げる

あなたは、何かしらはじめてやることに対して最初から「ムリです」「できません」と言ったり、考えたりしていませんか？　自分で「できない」と思い込んでしまうと、自分が発した否定的な言葉のせいでさらに自信を失い、本当にできなくなってしまいます。もし、新たな仕事の相談があった場合は、「できます！」と言い切る自信がなかったとしても、せめて「やってみます」と言うと、**チャレンジする気持ちと言葉が、チャンスを広げてくれる**のです。もし心に余裕があれば、さらに「はじめての挑戦なので、楽しみです」と積極的な発言ができれば、周囲もあなたを応援したくなるはずです。

POINT

「ムリ」「できない」が
チャンスをつぶしてしまう

今日も一日、仕事をがんばったという時は……

疲れた ではなく 今日もがんばった

ポジティブな言葉が、明日の活力を呼び寄せる

人は疲れていたり、イヤなことが続いたりすると、ネガティブな考えにとらわれがちになるもの。常にポジティブであれとは言いませんが、できればポジティブに過ごしたほうが心も明るくなり、周囲からも好意的に見られるようになります。もちろん、そうなればチャンスも広がります。仕事が立て込んだりしていて、一日の終わりに「疲れた」と言いたくなることもあるでしょう。でも、**そんな時はあえて「今日も一日がんばった」と言いかえてみましょう**。そうすることで、不思議と充実感がわいてきて、「明日もがんばろう」という気持ちになるものです。

POINT

「疲れた」という言葉が
さらなる疲れを引き寄せる

このところ、とにかく仕事が忙しいという時は……

忙しい ではなく 充実している

忙しいのは仕事ができる証拠と考えよう

「疲れた」とともにビジネスパーソンの〝グチ〟の双璧《そうへき》をなす言葉、それが「忙しい」です。人は「忙しい」という思いにとらわれてしまうと、新たな仕事に対してネガティブな気持ちを抱くようになり、精神的な余裕も失ってしまいます。仕事を楽しんでいる人は、他人から見たら忙しい状態でも、それを「充実している」と感じています。仕事をするうえで、一番楽しいのは「成長すること」という人は多いはず。**忙しがって成長のチャンスを逃すことのないよう、ポジティブな言葉で成長を引き寄せましょう。**ただし、本当に忙しすぎる場合は、適度な休養も大切です。

POINT

ネガティブにとらえず
ポジティブに考えて成長しよう

ポジティブワードは自分もまわりも幸せにする

ものごとの見かたを少し変えるだけで、ネガティブな言葉はポジティブな言葉に変換できます。つらいことやストレスが重なってネガティブな言葉を使ってしまいそうになった時には、以下のように言いかえてみてはいかがでしょう？ そうすることで、自分の気持ちも自分のまわりも上向きに変化していくかもしれません。

えらそう ではなく
堂々としている

あきらめが悪い／しつこい ではなく
粘り強い

横柄な ではなく
もの怖《お》じしない

悪趣味 ではなく
個性的

おしゃべり ではなく
社交的／明るい

ありきたりの ではなく
手堅い／定番の

頑固 ではなく
こだわりがある

うるさい ではなく
活気がある

せっかち ではなく
テキパキしている

我が強い ではなく
信念がある

冷たい／無愛想 ではなく
クール

がさつ ではなく
おおらか

ド派手 ではなく
華やか

計画性（一貫性）がない ではなく
臨機応変

八方美人 ではなく
社交的

経験不足 ではなく
伸びしろがある

保守的 ではなく
堅実

信念がない／適当 ではなく
柔軟性がある

安物 ではなく
リーズナブル

ずる賢い／狡猾《こうかつ》 ではなく
機転が利く

理屈っぽい ではなく
論理的

世間知らず ではなく
育ちがよい

監修　ゆうきゆう

精神科医。ゆうメンタルクリニック総院長。東京大学理科三類(医学部)に現役で合格。東京大学医学部医学科に進学し卒業。2008年よりメンタルクリニックを開院。医師業のかたわら、心理学系サイトの運営、マンガ原作・書籍執筆なども手がける。『マンガ版 ちょっとだけ・こっそり・素早く「言い返す」技術』(マンガ：Jam／三笠書房)がベストセラーになったほか、原作を手がける『マンガで分かる心療内科』(作画：ソウ／少年画報社)はシリーズ累計300万部を突破。そのほかにもマンガ原作、著書、監修書が多数ある。
Twitter：https://twitter.com/sinrinet

主要参考文献

『3秒で好かれる心理術』ゆうきゆう 著(PHP研究所)／『「ひと言」で相手の心をつかむ恋愛術』ゆうきゆう 著(PHP研究所)／『「第一印象」で失敗したときの本 起死回生の心理レシピ100』ゆうきゆう 著(マガジンハウス)／『たったひと言で心をつかむ心理術』ゆうきゆう 著(徳間書店)／『「なるほど！」とわかる マンガはじめての心理学』ゆうきゆう 著(西東社)／『マンガでわかる！ 心理学超入門』ゆうきゆう 監修(西東社)／『マンガでわかる！ 対人関係の心理学』ゆうきゆう 監修(西東社)／『マンガでわかる！ ホンネを見抜く心理学』ゆうきゆう 監修(西東社)／『マンガ版 ちょっとだけ・こっそり・素早く「言い返す」技術』ゆうきゆう 著(三笠書房)／『愛される人、愛されない人の話し方』ゆうきゆう 著(宝島社)／『イラスト図解だから秒速で身につく！ 大人の語彙力見るだけノート』吉田裕子 監修(宝島社)／『よけいなひと言を好かれるセリフに変える言いかえ図鑑』大野萌子 著(サンマーク出版)／『人に好かれる言葉ハンドブック こんなとき、この言い方』今井登茂子 著(大和出版)／『大人の語彙力ノート』齋藤 孝 著(SBクリエイティブ)／『新装版 なぜか好かれる人の話し方 なぜか嫌われる人の話し方』ディスカヴァー・コミュニケーション・ラボラトリー 編(ディスカヴァー・トゥエンティワン)／『「察しない男」と「説明しない女」のモメない会話術』五百田達成 著(ディスカヴァー・トゥエンティワン)／『不機嫌な妻 無関心な夫 うまくいっている夫婦の話し方』五百田達成 著(ディスカヴァー・トゥエンティワン)／『モンテッソーリ教育・レッジョ・エミリア教育を知り尽くしたオックスフォード児童発達学博士が語る自分でできる子に育つ ほめ方 叱り方』島村華子 著(ディスカヴァー・トゥエンティワン)

心理学的に正しい!
人に必ず好かれる言葉づかいの図鑑

2021年11月10日　第1刷発行

監修　ゆうきゆう

発行人　蓮見清一
発行所　株式会社 宝島社
〒102-8388
東京都千代田区一番町25番地
営業：03-3234-4621
編集：03-3239-0928
https://tkj.jp

印刷・製本　サンケイ総合印刷株式会社

ISBN 978-4-299-02243-1